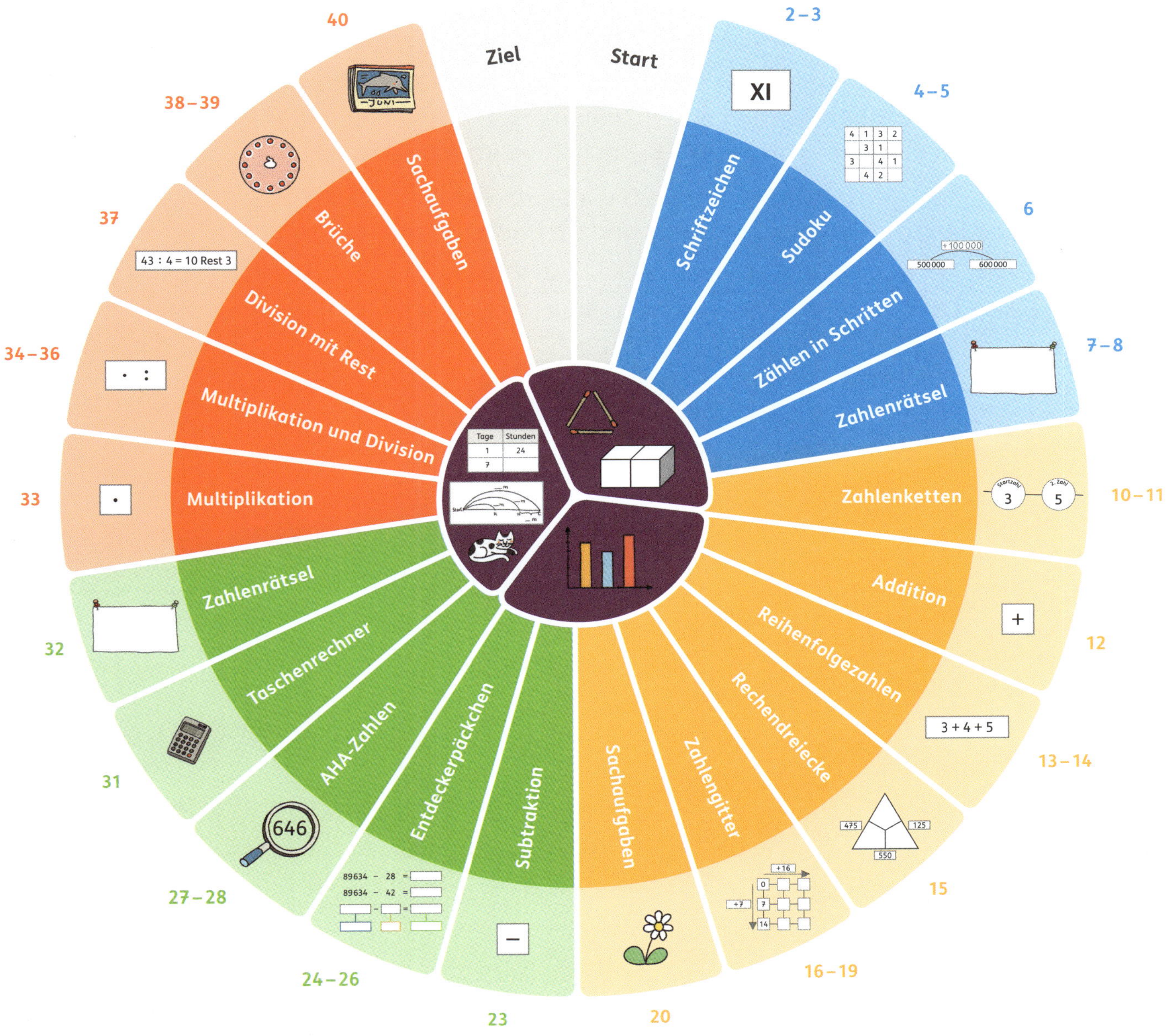

Schriftzeichen XI

Der Römer Julius Caesar hat sich oft geheime, verschlüsselte Botschaften (Nachrichten) ausgedacht, um seine Pläne auf seinen Feldzügen geheim zu halten.
Mit diesen Methoden kannst du Botschaften verschlüsseln:

- die Wort-Rückwärtsmethode: Aus **HALLO** wird zum Beispiel **OLLAH**
  Die Buchstaben werden von hinten nach vorne geschrieben.

- die Zahlenmethode: Aus **HALLO** wird zum Beispiel **8 – 1 – 12 – 12 – 15**
  Die Buchstaben werden durch Zahlen ersetzt (A = 1, da A der 1. Buchstabe im Alphabet ist. H = 8, da H der 8. Buchstabe im Alphabet ist).

- die Plus__-Methode: Aus **HALLO** wird zum Beispiel **IBMMP** (Plus 1-Methode)
  Die Buchstaben werden durch andere Buchstaben ersetzt.

normal	A	B	C	D	E	F	G	H	I	J	K	L	M	N	O	P	Q	R	S	T	U	V	W	X	Y	Z
geheim	B	C	D	E	F	G	H	I	J	K	L	M	N	O	P	Q	R	S	T	U	V	W	X	Y	Z	A

1 Schreibe das Wort GEHEIMSCHRIFT:

mit der Wort-Rückwärtsmethode

mit der Zahlenmethode

mit der Plus 2-Methode

2 Entschlüssele die Botschaften.

mit der Zahlenmethode:

normal										
geheim	19	9	3	8	5	18	8	5	9	20

mit der Plus 3-Methode:

normal							
geheim	G	H	W	H	N	W	L	Y

mit der Plus 5-Methode:

normal								
geheim	L	J	M	J	N	R	S	N	X

3 Denke dir eigene Botschaften in Geheimschrift aus. Stelle sie deinem Partner.

Schriftzeichen XI

Die Römer haben früher Ziffern mit einer anderen Methode als heute dargestellt:

I	V	X	L	C	D	M
1	5	10	50	100	500	1 000

Beachte:

Lies die Zahlzeichen von links nach rechts.

Stehen gleiche Zahlzeichen nebeneinander, addiere sie.
XXX = 10 + 10 + 10 = 30

Steht ein kleineres Zahlzeichen **hinter** einem größeren, **addiere** es.
XI = 10 + 1 = 11

Steht ein kleineres Zahlzeichen **vor** einem größeren, **subtrahiere** es:
IX = 10 − 1 = 9

Es dürfen **höchstens drei gleiche Zahlzeichen** nebeneinander stehen:
80 = LXXX, aber 90 = XC (und nicht LXXXX)

Die Zahlzeichen **V, L und D** dürfen in einer Zahl **nur einmal** vorkommen, denn
VV = 10 = X   LL = 100 = C   DD = 1 000 = M

4 Schreibe Zahlen wie die Römer.

26 = ☐   34 = ☐   1 790 = ☐
62 = ☐   75 = ☐   1 993 = ☐
40 = ☐   89 = ☐   3 765 = ☐
59 = ☐   97 = ☐   1 324 = ☐

5 Schreibe mit unseren Zahlen.

XXIX = ☐   LXX = ☐   DCCI   = ☐
DLV = ☐   CM = ☐   MDCXI   = ☐
XCIX = ☐   MMD = ☐   MMCCXXII = ☐

6 Denke dir eigene Zahlen aus, die du wie die Römer schreibst. Stelle sie deinem Partner.

Sudoku

In jeder Zeile, Spalte und jedem kleinen Quadrat oder Rechteck darf jede Zahl nur einmal vorkommen.

das Sudoku

7 Löse das Sudoku. Markiere farbig, in welcher Zeile, Spalte oder welchem Rechteck du angefangen hast.

Welchen Tipp gibst du anderen Kindern, wo sie starten können?

Aufwärmtraining

4		5			2
		2	5	4	
3	2	4		6	
	6			3	
		3	4		6
2		6			1

	3		5	4		6
2				3	1	5
		2	4		6	
					2	4
			2		5	4
4		1	6			2

8

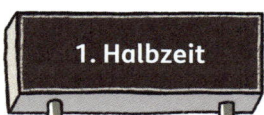
1. Halbzeit

3			5		1
	5			6	
2			1		4
1		5			3
	2			1	
5		4	2		6

		3		2	5
2		5		1	
	2				4
4		6			1
			5	6	
5		2			3

Sudoku

9 — 2. Halbzeit

7	3	8	5		4	9	2	6
5		4	6	9	2	7		8
	9		8		7	1	5	4
4			7	5	3	2	1	9
	7	3			8	6		5
2		9	4	6	1	3		7
9	4	1		7	5		6	2
8		7	1		6		9	3
3	6	5	2	8	9		7	1

	7		3			4	8	5
		9		6	4			1
3	1	4		5	2	7		6
4					1			3
	6	5	3				9	4
1		3	9	4	5	2	6	8
		1	5		6			7
	5		2				6	9
9	3	6	4	7	8	1	5	2

10 — Verlängerung

		3	1		6		2	
			9		2			
	8	4	9	5		7		
8	9	5	4	6	1		3	
	4		2	7	8	1	9	5
	1		9	7	6	5		
				1		3		
	3		6		2	9		

	6	2		4				
	5	7		6	8			
8				1	2			7
5		9			1	7	3	
				7				
	8	6	4				2	9
4				8	2			3
			6	3		4	8	
				9			5	7

Zählen in Schritten

11 Setze das Muster fort.

💡 *Schaue als erstes, ob die Zahl größer oder kleiner wird. Schaue dann, welche Stellen sich verändern.*

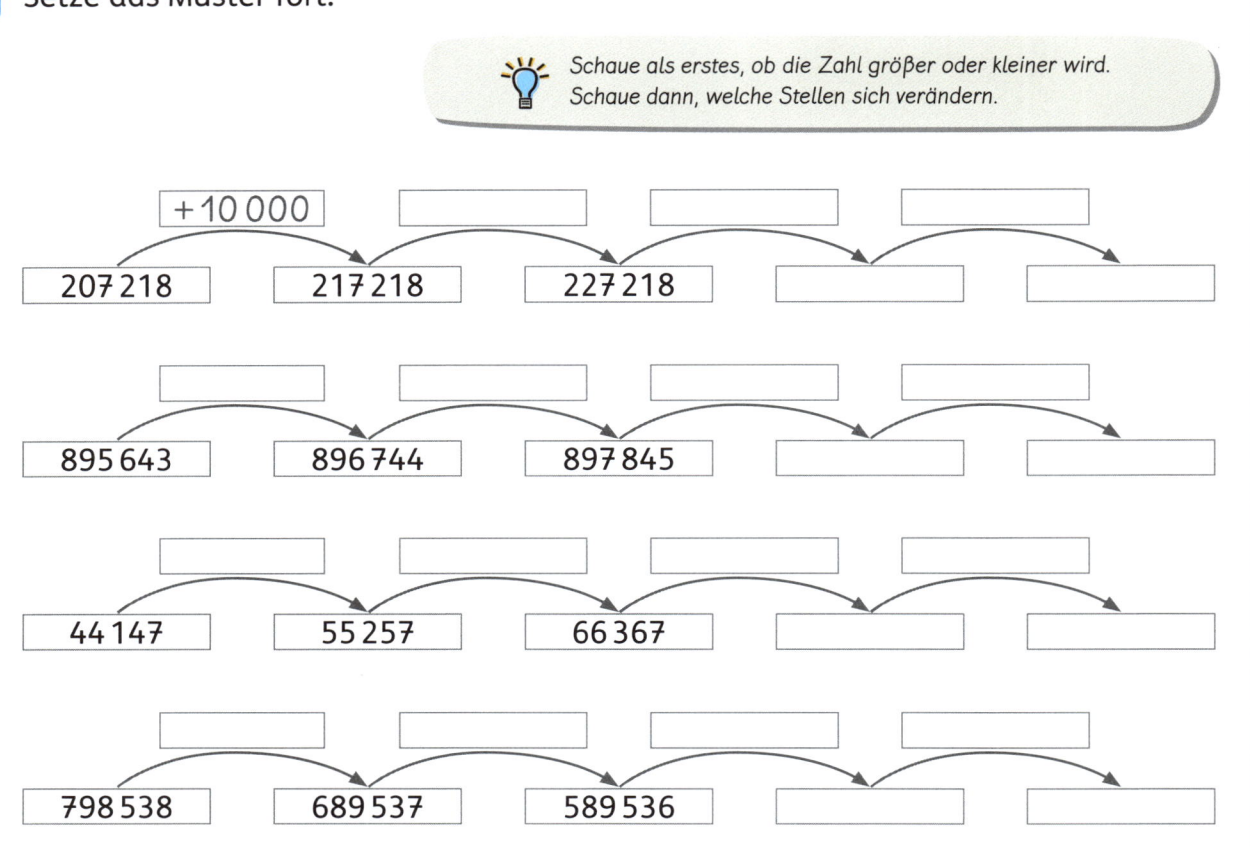

12 Setze die passende Zahl ein.

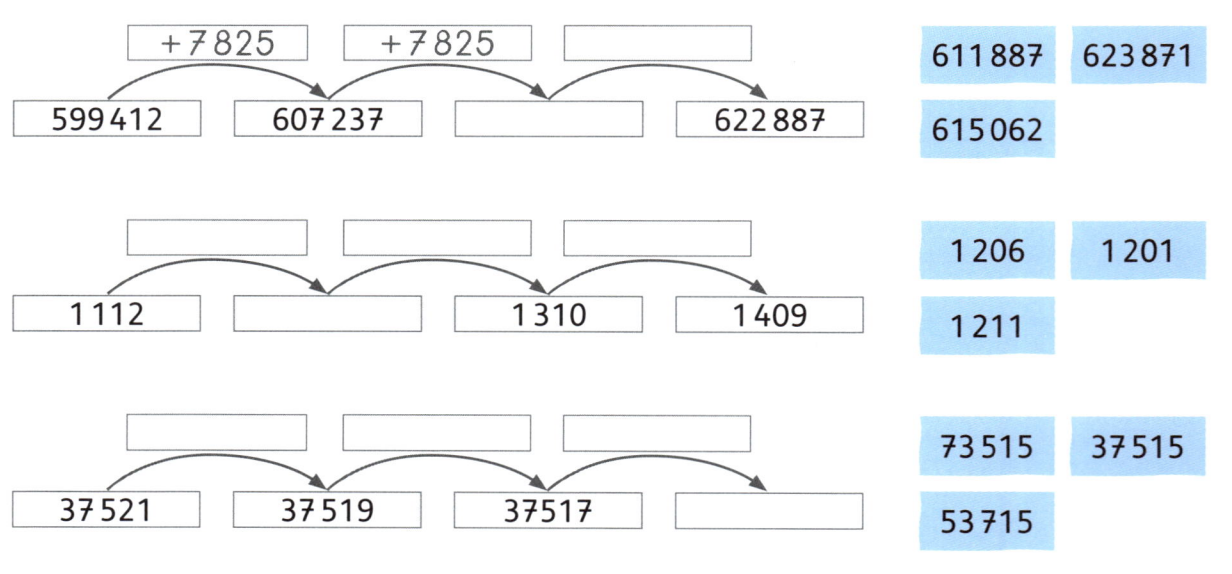

Zahlenrätsel

13

14 Milla möchte die Ziffer 3 zur 2014 hinzufügen, so dass die kleinste fünfstellige Ziffer entsteht.

Wohin muss sie die Zahl schreiben, damit die fünfstellige Ziffer so klein wie möglich ist?

M	HT	ZT	T	H	Z	E

Wohin muss sie die Ziffer 3 schreiben, damit die fünfstellige Zahl so groß wie möglich ist?

M	HT	ZT	T	H	Z	E

15 14 Kinder sagen der Reihe nach alle ungeraden Zahlen. Jedes Kind sagt eine Zahl. Allerdings werden die Zahlen ausgelassen, die als Ziffer eine 3 enthalten. Das erste Kind nennt 1, das nächste nicht 3, sondern 5 und das nächste 7 usw.

Welche Zahl muss das 14. Kind nennen?

Zahlenrätsel

16

Ich bin größer als 5 678, kleiner als 5 681 und bin gerade.

Ich bin die erste gerade Zahl nach 674 234.

Ich bestehe aus 3 Hunderttausendern, 7 Zehntausendern, 2 Hundertern, 5 Zehnern und 1 Einer.

Ich bestehe aus 5 Zehnern, 9 Tausendern, 2 Hunderttausendern, 3 Einern und 6 Hundertern.

Ich bin der Vorgängerhunderttausender der Zahl 263 789.

Ich bin der Nachfolgezehntausender der Zahl 45 372.

Ich bin der Nachfolger von 1 000 147.

Ich bin die ungerade Zahl vor 947 653.

Selbsteinschätzung

Zahlen bis 1 000 000

XI	Ich kann Ziffern in einer anderen Darstellung lesen und in eine andere Darstellung übertragen.						
	Ich kann Zahlen in Sudokus richtig einsetzen.						
+100 000	Ich kann Zahlenreihen fortsetzen.						
	Ich probiere geduldig knifflige Aufgaben aus.						
	Ich kann Zahlenrätsel lösen.						

Unterschrift Kind	
Unterschrift Lehrer	
Unterschrift Eltern	

Streichholzknobeleien

1 Setze fort. Lege die 4. und 5. Figur. Wie viele Streichhölzer brauchst du jeweils für die nächsten Figuren?

| 1. Figur | 2. Figur | 3. Figur | 4. Figur | 5. Figur |

| 1. Figur | 2. Figur | 3. Figur | 4. Figur | 5. Figur |

2 Du hast 17 Streichhölzer. Bilde mit den 17 Streichhölzern 8 Dreiecke.

3 Lege die Figur nach. Nimm dann 5 Streichhölzer weg, so dass 4 Dreiecke entstehen. Zeichne eine Skizze.

4 Lege aus 38 Streichhölzern ein Dreieck und ein Quadrat. Jede Dreiecksseite ist 6 Hölzer lang. Wie viele Hölzer lang ist eine Quadratseite?

5 Anton kippt eine Schachtel mit 36 Streichhölzern aus.
Daraus legt er Dreiecke, Quadrate und Häuschen.
Wie viele Dreiecke, Quadrate und Häuschen hat Anton gelegt?

Zahlenketten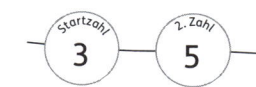

1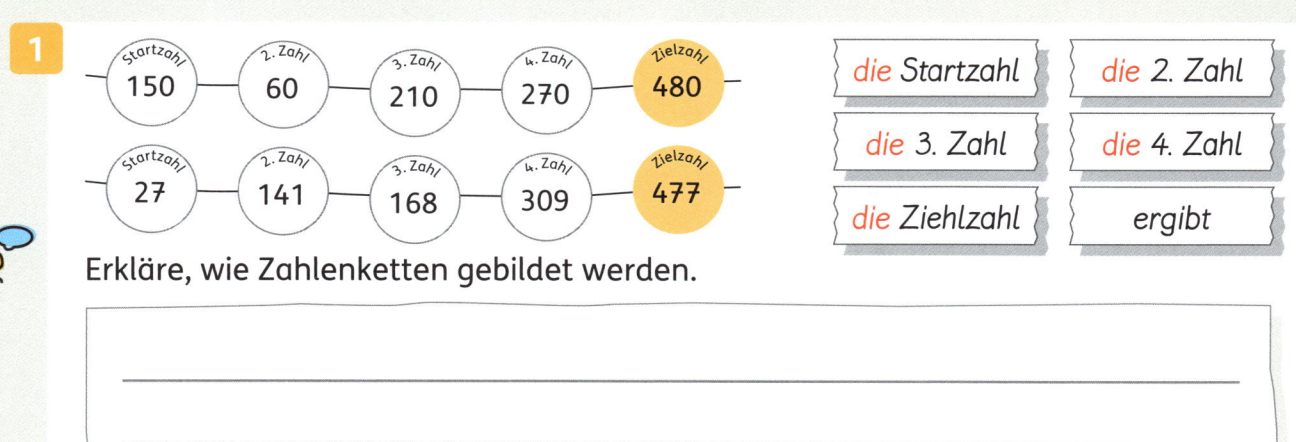

die Startzahl	die 2. Zahl
die 3. Zahl	die 4. Zahl
die Ziehlzahl	ergibt

Erkläre, wie Zahlenketten gebildet werden.

_____
_____
_____

2 Erfinde eigene Zahlenketten.

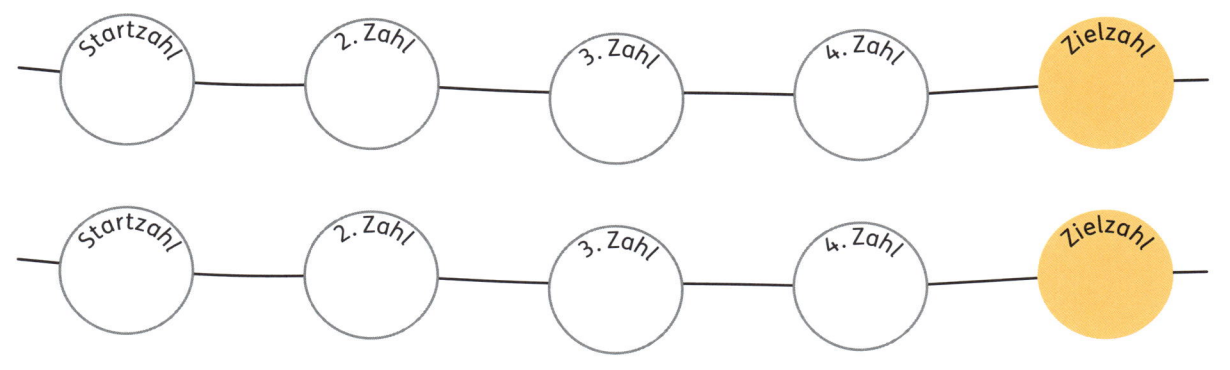

3 Rechne geschickt.

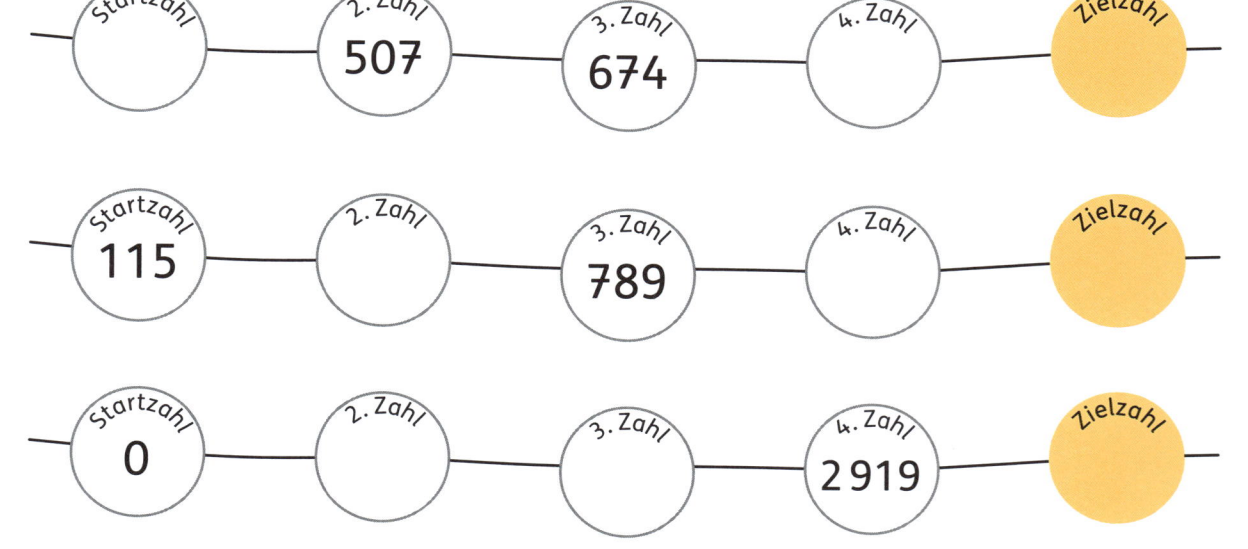

Zahlenketten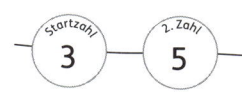

4 Setze das Muster fort.

Die Zielzahl wird immer 2 größer und die 2. Zahl bleibt gleich.

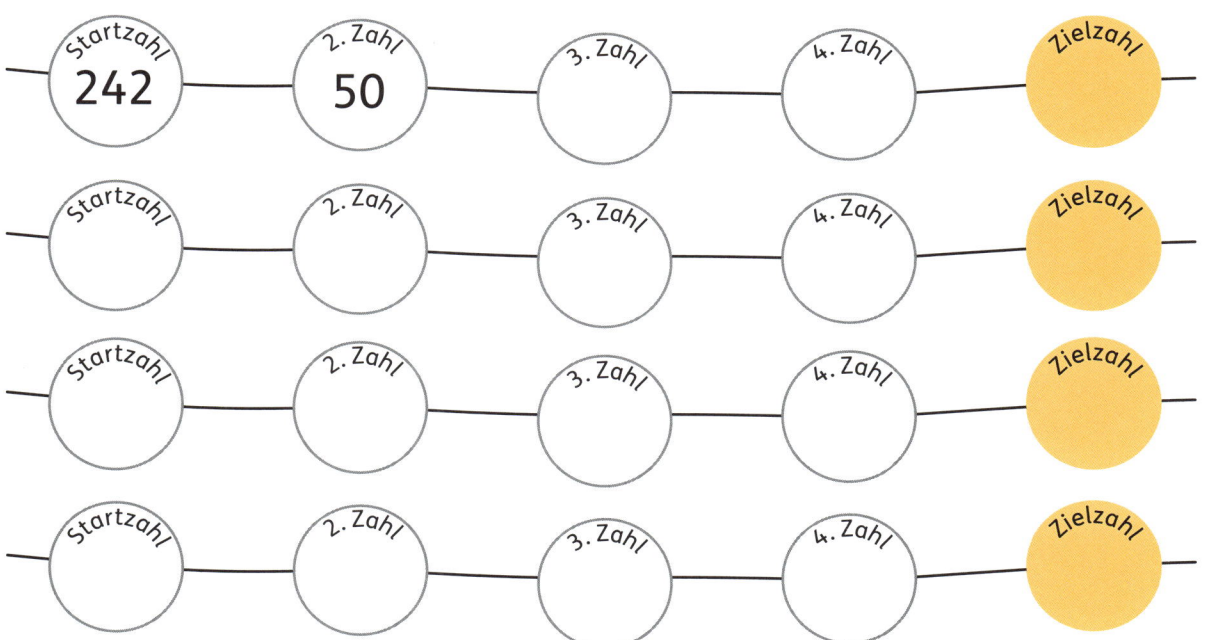

Wie verändern sich die 3. Zahl, die 4. Zahl und die Zielzahl? Beschreibe.

Die 3. Zahl wird _____

Die 4. Zahl wird _____

Die Zielzahl wird _____

5 Es gibt eine berühmte Zahlenkette, bei der die Startzahl und die 2. Zahl eine 1 sind.

Die Zahlenkette ist unendlich lang. Berechne die ersten 20 Zahlen.

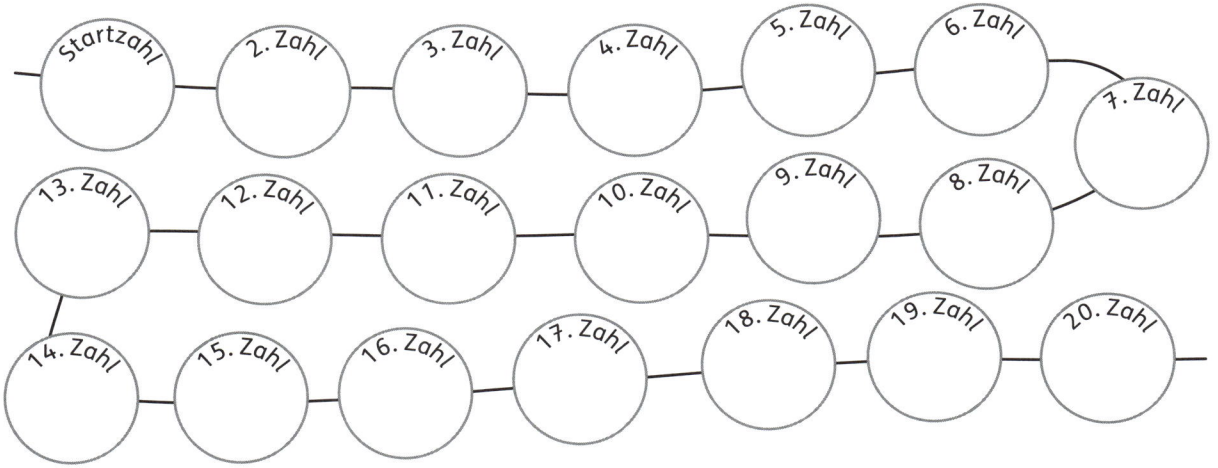

Addition +

6

195 + 10 = ☐   320 + 10 = ☐   1 378 + 30 = ☐
319 + 8 = ☐   88 + 110 = ☐   2 500 + 599 = ☐
1 002 + 118 = ☐   27 + 546 = ☐   891 + 309 = ☐
45 750 + 61 = ☐   33 800 + 670 = ☐   4 070 + 2 945 = ☐
1 999 + 320 = ☐   5 538 + 538 = ☐   780 + 1 423 = ☐
8 645 + 270 = ☐   26 603 + 447 = ☐   3 560 + 8 009 = ☐

 Ich habe in ☐ Minuten ☐ Aufgaben richtig gerechnet.

7 Die Aufgabe 1 837 + 345 321 + 163 ist ganz schön schwierig.

Ordne sie um, damit das Rechnen einfacher wird. Erkläre deinen Lösungsweg.

8 Rechne vorteilhaft. Schreibe auf, wie du gerechnet hast.

65 342 + 76 358 + 42 = ☐

575 + 1 025 + 5 650 + 1 350 = ☐

9 Rechne vorteilhaft.

189 + 9 913 + 56 + 44 811 + 37 =   435 + 151 + 122 + 1 065 + 49 =
789 543 + 98 543 + 21 457 + 1 457 =   989 898 + 4 567 + 27 + 3 + 3 + 2 =

Reihenfolgezahlen $\boxed{3 + 4 + 5}$

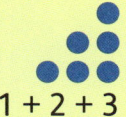 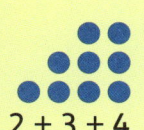 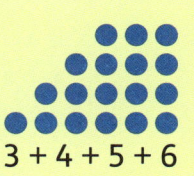

1 + 2 + 3   2 + 3 + 4   3 + 4 + 5 + 6

Das sind Additionsaufgaben mit Nachbarzahlen.

die Dreiersumme

die Vierersumme

10 Rechne die Reihenfolgezahlen aus.

2 + 3 + 4 + 5 + 6 =   22 + 23 + 24 =   34 + 35 + 36 + 37 =

18 + 19 + 20 =   54 + 55 =   8 + 9 + 10 + 11 + 12 + 13 =

11 Erfinde drei eigene Reihenfolgezahlen. Rechne sie aus.

12 Welche Additionsaufgaben mit zwei Nachbarzahlen gehören zu den Ergebnissen?

7 + ☐ = 15   ☐ + ☐ = 19   ☐ + ☐ = 21

13 Zu der Zahl 16 gibt es keine Additionsaufgabe mit zwei Nachbarzahlen. Begründe.

14 Gibt es 5 Reihenfolgezahlen mit der Summe 35? Begründe.

15 Rechne. Setze fort.

3 + 4 + 5 = ☐   1 + 2 = ☐
4 + 5 + 6 = ☐   1 + 2 + 3 = ☐
5 + 6 + 7 = ☐   1 + 2 + 3 + 4 = ☐
6 + 7 + 8 = ☐

Was fällt dir bei den Ergebnissen auf? Begründe.

Reihenfolgezahlen $3 + 4 + 5$

16 Rechne. Setze fort.

$1 + 2 + 3 =$ ☐ $2 \cdot 3 =$ ☐
$2 + 3 + 4 =$ ☐ $3 \cdot 3 =$ ☐
$3 + 4 + 5 =$ ☐ $3 \cdot 4 =$ ☐

Was fällt dir bei den Ergebnissen in einer Zeile auf?
_____

Was haben alle Ergebnisse gemeinsam?
_____

17 Finde drei weitere Aufgaben. Rechne aus.

$6 + 7 + 8 =$ ☐ $3 \cdot 7 =$ ☐
$7 + 8 + 9 =$ ☐ $3 \cdot 8 =$ ☐

18 Wie kann man schnell Dreiersummen berechnen?

_____
_____

19 Bilde mindestens 3 Additionsaufgaben aus 5 Reihenfolgezahlen. Berechne vorteilhaft die Summe.

20 Berechne die Summe aller Zahlen von 1 bis 100.
Du kannst die Hundertertafel nutzen.

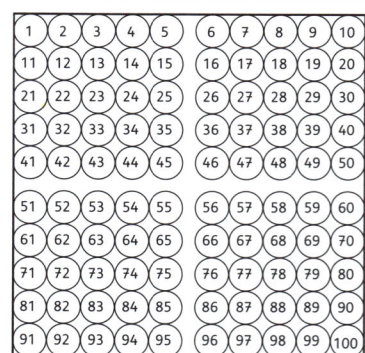

Rechendreiecke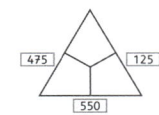

21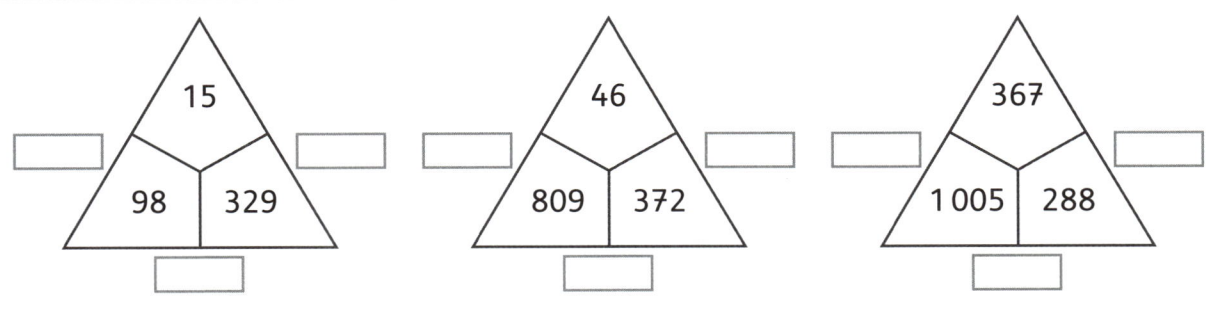

22 Löse die Rechendreiecke.

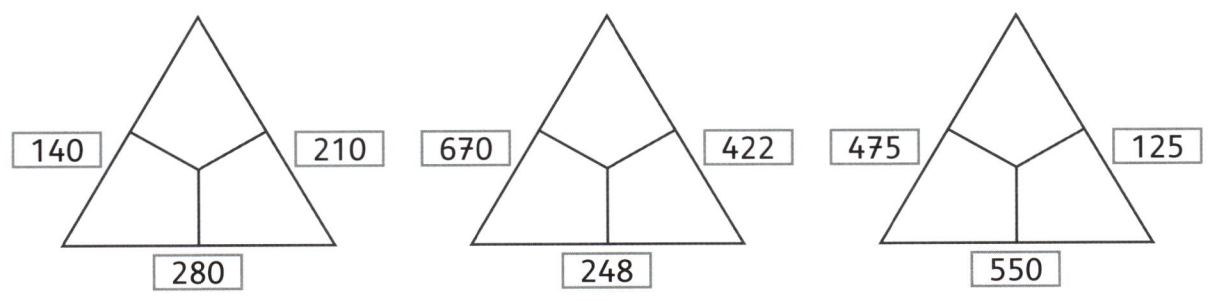

23 Trage die Zahlen passend in die Rechendreiecke ein.

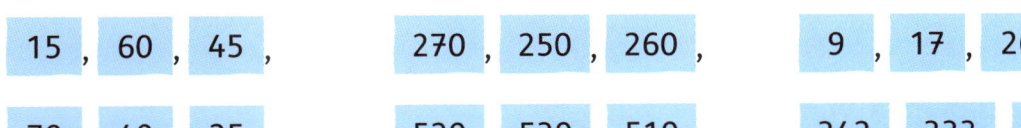

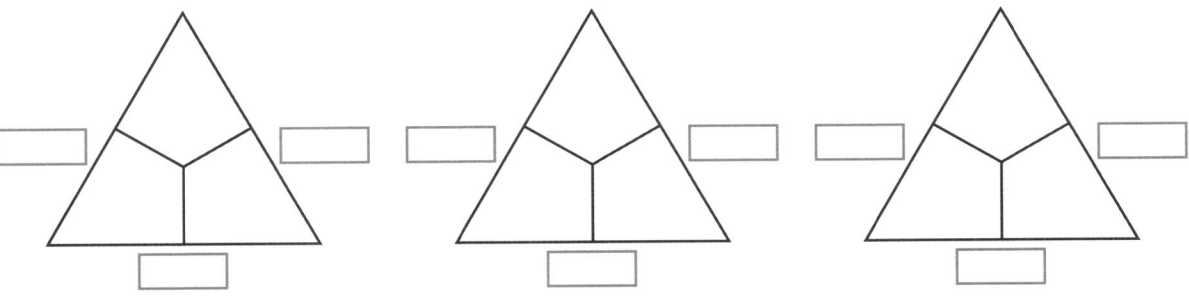

24 Erfinde eigene Rechendreiecke. Lasse sie von einem anderen Kind lösen.

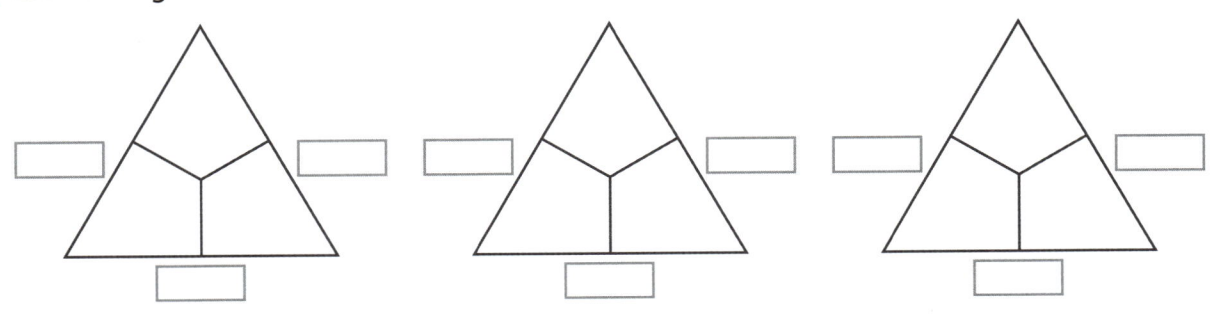

Zahlengitter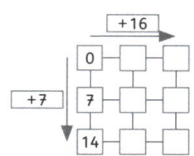

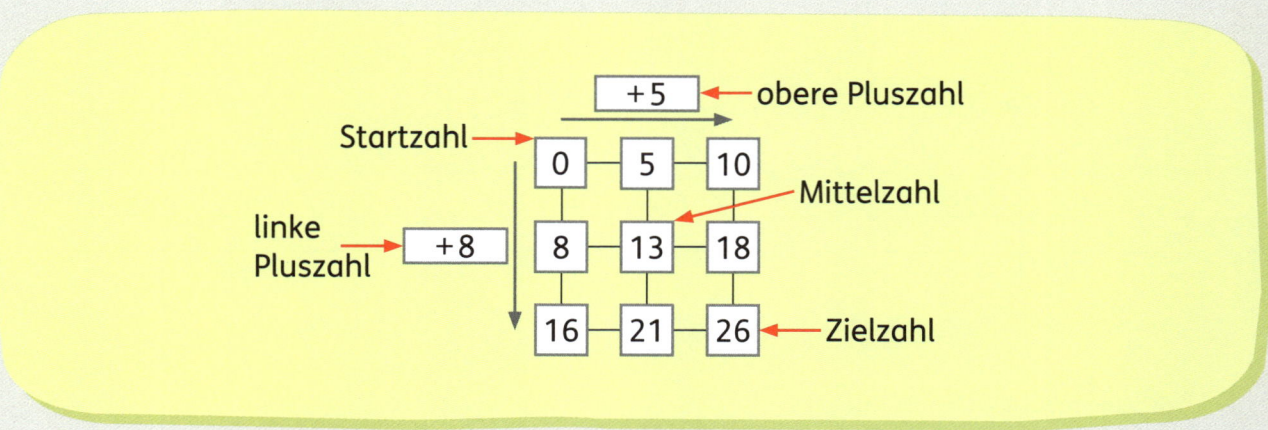

25 Löse das Zahlengitter.

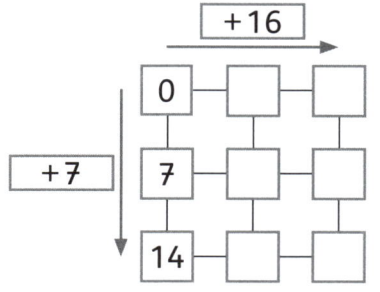

Erkläre, wie ein Zahlengitter gelöst wird.

_____
_____
_____

26 Löse die Zahlengitter.

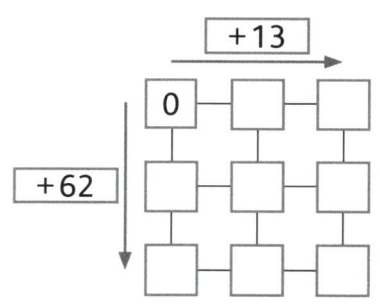 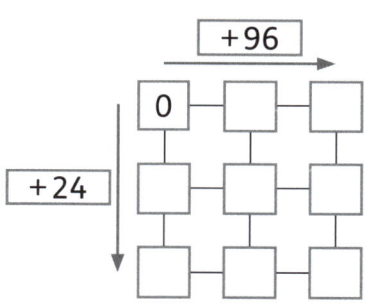 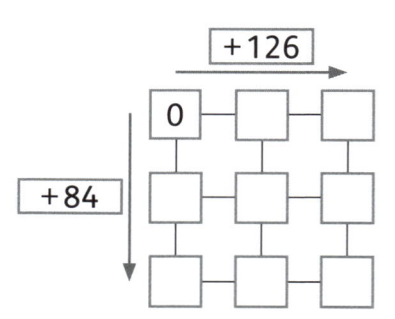

27 Löse das Zahlengitter. Setze die fehlenden Zahlen ein.

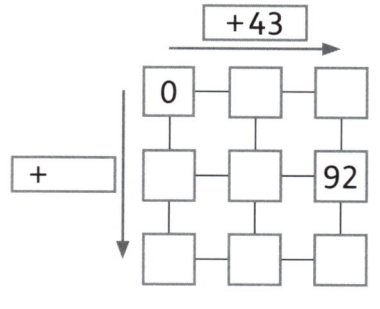

Wie hast du gerechnet?

_____
_____
_____

Zahlengitter

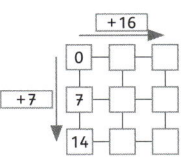

28 Hier sind Fehler versteckt. Kreise sie ein. Schreibe das richtige Ergebnis daneben. Erkläre, warum die Zahl falsch war.

```
        +36
    ┌──┬───┬───┐
    │ 0│ 36│ 72│
+10 ├──┼───┼───┤
    │10│ 36│ 83│
    ├──┼───┼───┤
    │20│ 56│ 93│
    └──┴───┴───┘
```

_____
_____
_____

29 Verändere die Pluszahlen.

Was passiert, wenn eine Pluszahl oder beide Pluszahlen um +1 vergrößert werden?

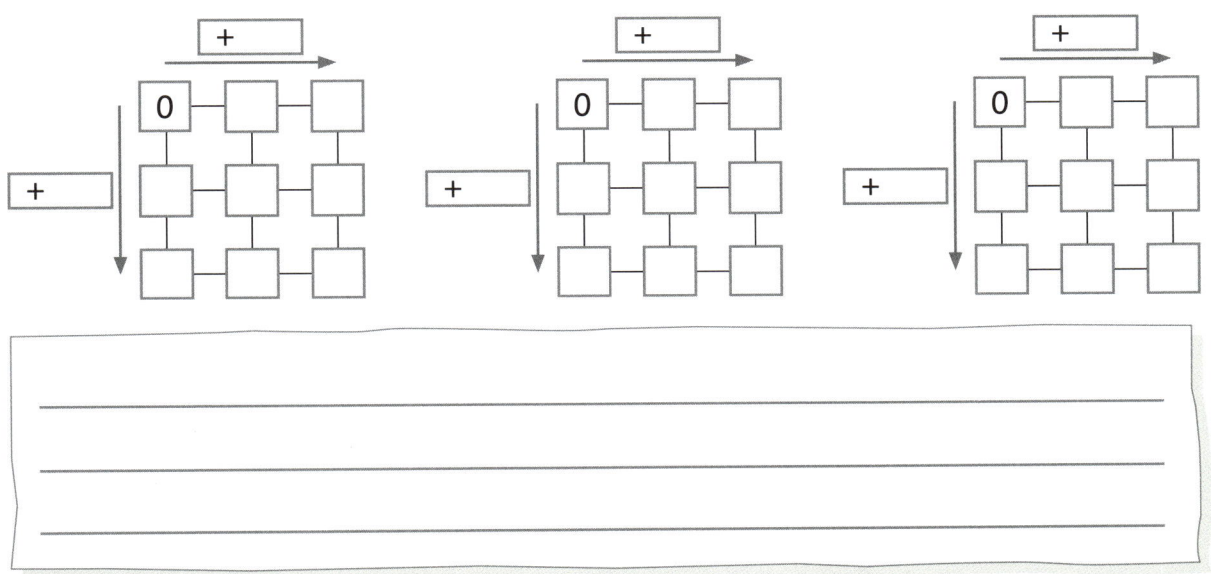

_____
_____
_____

Was passiert, wenn eine Pluszahl oder beide Pluszahlen um −1 verkleinert werden?

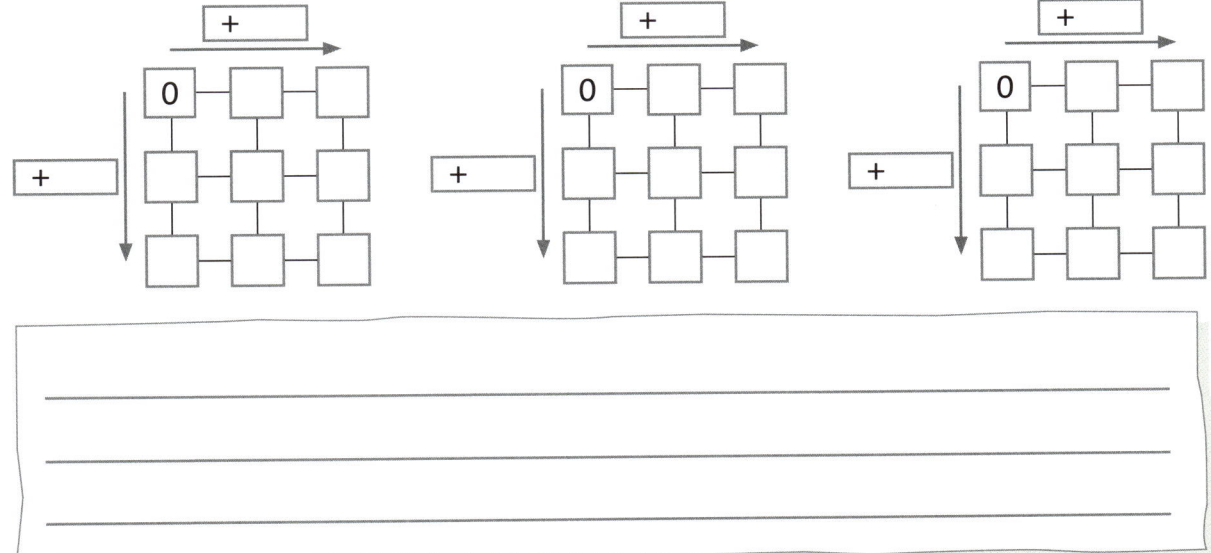

_____
_____
_____

Zahlengitter

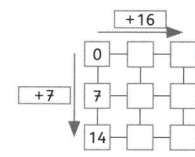

30 Finde Zahlengitter mit der Zielzahl 20.

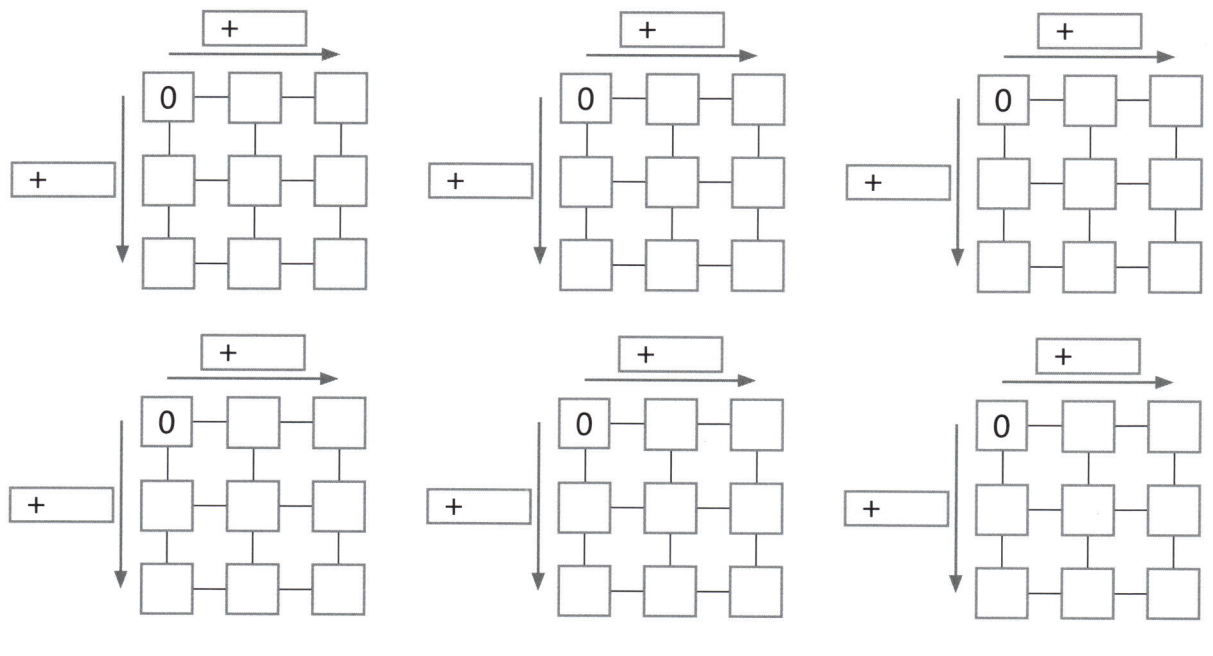

Was fällt dir auf?

_____
_____
_____

31 Wie viele Zahlengitter mit der Zielzahl 20 gibt es?

Beweise, dass du alle Zahlengitter mit der Zielzahl 20 gefunden hast.

32 Finde Zahlengitter mit der Startzahl 0 und der Zielzahl 1 001.

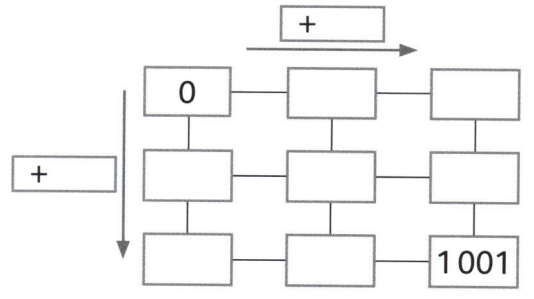
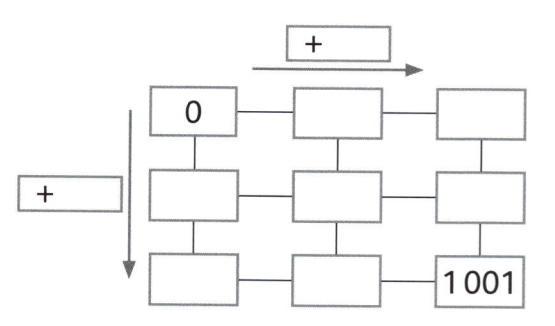

Was fällt dir auf?

Zahlengitter

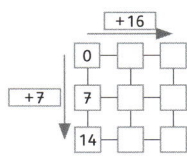

33 Finde 4 × 4-Zahlengitter mit der Startzahl 0 und der Zielzahl 99.

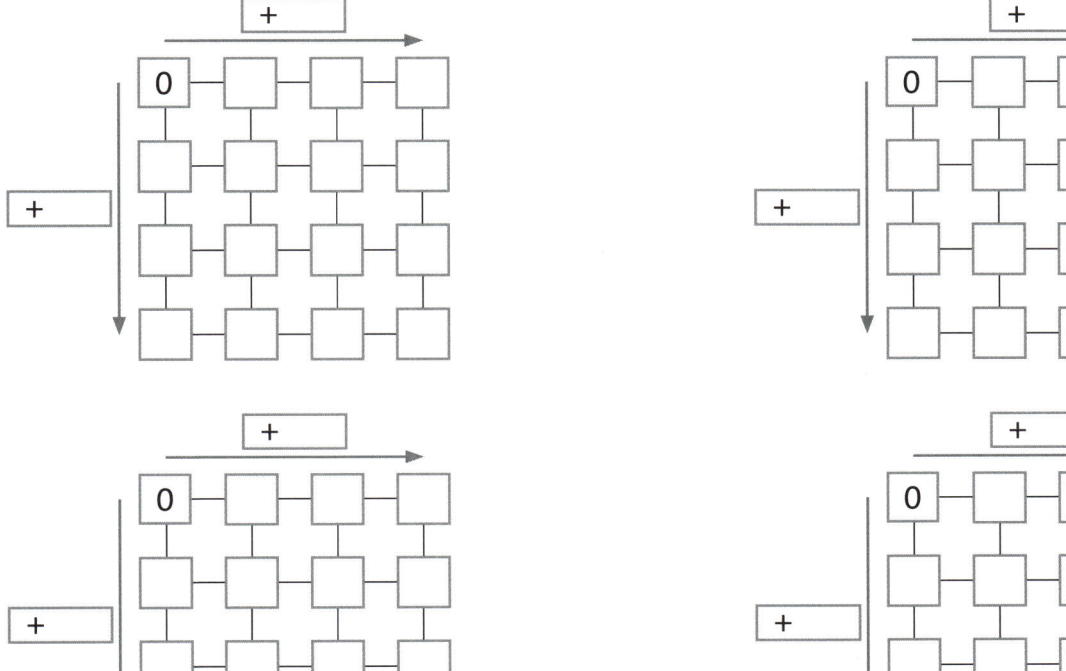

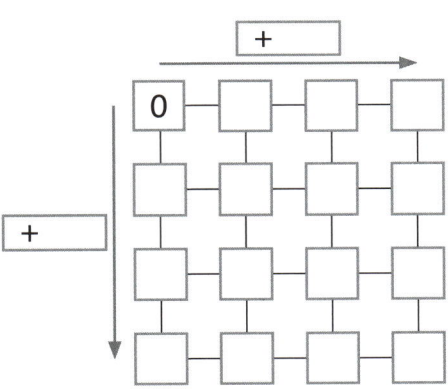
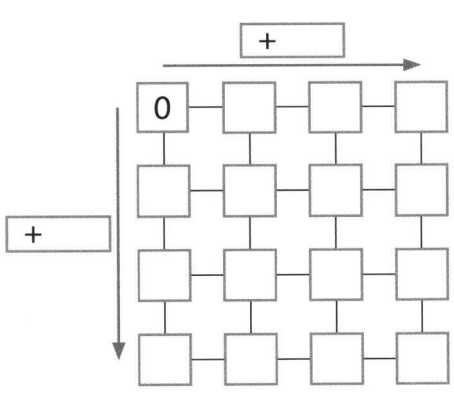

Was fällt dir an den 4×4-Zahlengittern auf?

_____

_____

_____

34 Schreibe Regeln für 4×4-Zahlengitter auf.

Sachrechnen

35 Kann das stimmen?

- In einem DIN-A5-Mathematikheft sind auf jeder Seite weniger als 250 Kästchen.
- Dann sind in einem DIN-A5-Mathematikheft mehr als 25 000 Kästchen.
- Wiegen die Kinder in unserer Klasse zusammen so viel wie ein Elefant?

Selbsteinschätzung

Addition bis 1 000 000

	Ich kann Muster in Zahlenketten entdecken und beschreiben.						
	Ich kann Additionsaufgaben schnell lösen.						
	Ich kann Rechenwege beschreiben.						
3 + 4 + 5	Ich kann Reihenfolgezahlen lösen und eigene Reihenfolgezahlen finden.						
	Ich kann Rechendreiecke lösen.						
	Ich kann Zahlengitter lösen.						
	Ich kann Sachaufgaben lösen.						

Unterschrift Kind	
Unterschrift Lehrer	
Unterschrift Eltern	

Skizzen

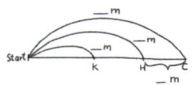

> Eine Skizze ist eine einfache Zeichnung.
>
> Du zeichnest Personen oder Gegenstände auf, die für das Lösen einer Aufgabe wichtig sind. Unwichtige Dinge, wie z. B. das Ausmalen oder Verzierungen lässt du einfach weg.

1 Ordne die Skizze der passenden Sachaufgabe zu. Ergänze die fehlenden Angaben.

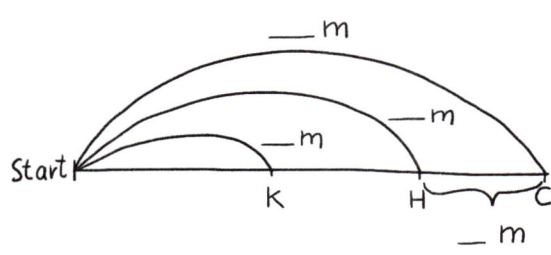

Carl, Kasper und Heda wollen ins Freibad fahren. Carl wohnt 8,8 km vom Freibad entfernt. Er holt zuerst Heda ab, die 3,1 km von ihm entfernt wohnt. Zusammen fahren sie zu Casper. Von dort aus radeln sie gemeinsam die 2,8 km zum Freibad. Wie weit wohnt Kasper von Heda entfernt?

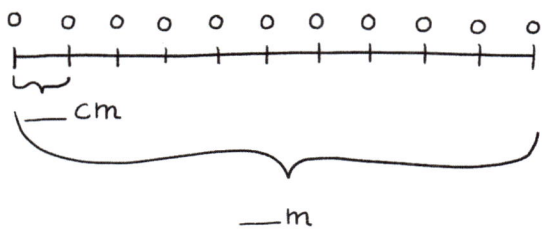

Beim Sportfest wirft Carl 24 m weit. Heda schafft 8 m weniger. Kasper wirft nur halb so weit wie Carl. Wie weit werfen Heda und Kasper?

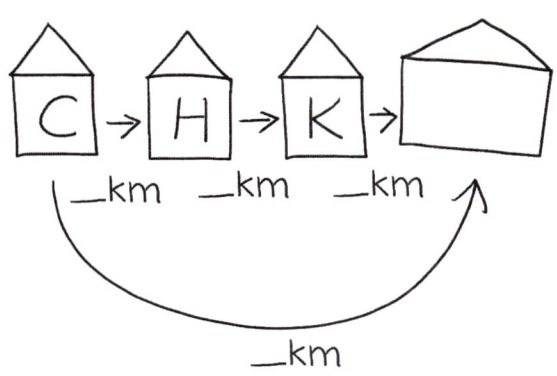

Im Schulgarten wollen Carl, Heda und Kasper auf einer Länge von 2 m bienenfreundlichen Lavendel einpflanzen. Sie pflanzen den Lavendel im Abstand von 20 cm ein. Wie viel Lavendel brauchen sie?

Skizzen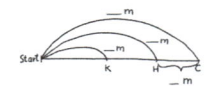

2 Jakob und Stine machen mit ihren Eltern eine Fahrradtour durch das Ruhrgebiet. Insgesamt radeln sie 29,6 km.
Zuerst radeln sie 4,7 km bis zum Abenteuer-Spielplatz. Von dort aus geht es weiter bis zum Kletterwald. Danach fahren sie 3 200 m bis zum See. Für den Heimweg wählen sie eine Abkürzung, die 8,5 km lang ist.

Wie weit ist der Kletterwald vom Spielplatz entfernt?
Löse mithilfe einer Skizze.

3 Mara und ihr Freund Luca haben sich in den Sommerferien in Frankreich kennengelernt. Sie haben festgestellt, dass sie in Deutschland nur rund 32 km voneinander entfernt wohnen. Nun wollen sie sich mit den Fahrrädern treffen. Sie starten zur selben Zeit und kommen sich entgegen. Nach ungefähr einer halben Stunde sind sie noch 8,3 km voneinander entfernt. Luca ist in dieser Zeit 12 km mit dem Fahrrad gefahren.

Wie viele km ist Mara in einer halben Stunde gefahren?
Löse mithilfe einer Skizze.

Subtraktion

1

763 − 7 = ☐ 545 − 32 = ☐ 3 204 − 14 = ☐
279 − 81 = ☐ 5 491 − 8 = ☐ 62 300 − 9 = ☐
980 000 − 50 = ☐ 6 524 − 30 = ☐ 521 − 70 = ☐
1 348 − 90 = ☐ 374 500 − 700 = ☐ 2 432 − 500 = ☐
6 780 − 805 = ☐ 823 000 − 640 = ☐ 15 433 − 3 013 = ☐
1 000 − 23 = ☐ 600 000 − 440 = ☐ 10 000 − 770 = ☐

Ich habe in ☐ Minuten ☐ Aufgaben richtig gerechnet.

2 Ergänze die fehlenden Zahlen.

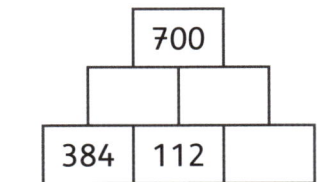
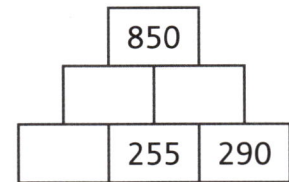
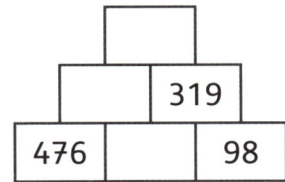
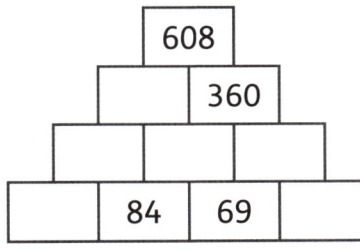
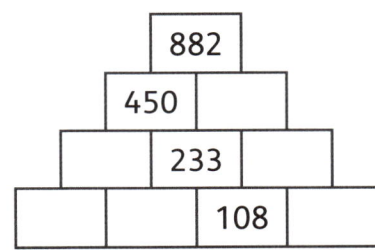
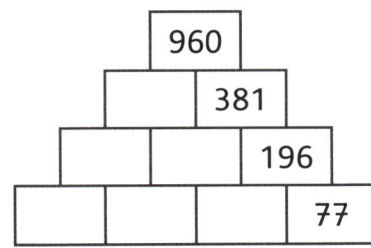

Erkläre, wie du die letzte Zahlenmauer gerechnet hast.

3 Finde möglichst viele Zahlenmauern mit dem Zielstein 1 000.

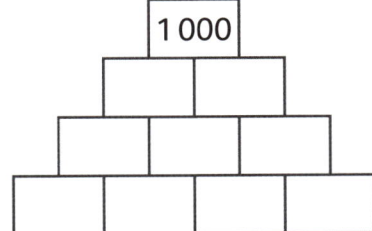
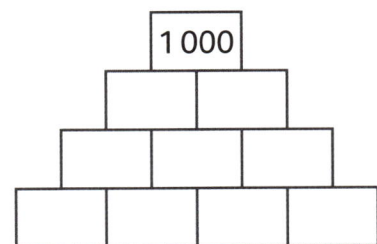
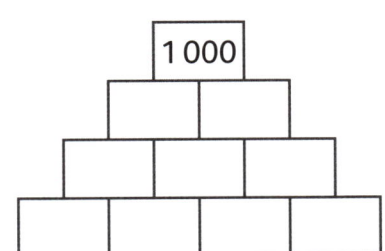

Beschreibe, wie du verschiedene Zahlenmauern gefunden hast.

Entdeckerpäckchen

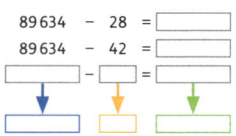

der Minuend   *der* Subtrahend

74 000 − 1 500 = 72 500 ← *die* Differenz
71 000 − 1 500 = 69 500
68 000 − 1 500 = 66 500
65 000 − 1 500 = 63 500

bleibt gleich
verändert sich nicht
wird ... größer

verringert sich um ...
erhöht sich um ...
wird ... kleiner

4 Löse das Entdeckerpäckchen.

800 711 − 26 541 = ☐
800 712 − 26 541 = ☐
800 713 − 26 541 = ☐
☐ − ☐ = ☐
☐ − ☐ = ☐
☐ − ☐ = ☐

Wie findest du die Beschreibungen? Kreuze an.

Es geht immer so weiter 800 711, 800 712, 800 713 und das ist immer gleich.

Die erste Zahl und das Ergebnis wird mehr und die 2. Zahl bleibt gleich.

Vorne und hinten ist immer 1 mehr. In der Mitte ist es immer gleich.

Beschreibe nun selbst das Entdeckerpäckchen.

_____
_____
_____

Wie findest du deine Beschreibung? Kreuze an.

Entdeckerpäckchen

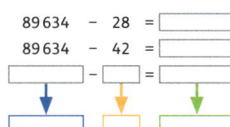

5 Was gehört zusammen?
Rechne aus und verbinde. Schreibe die Beschreibung zu Ende.

```
12 479  −  8 021  = ☐
11 369  −  8 021  = ☐
  ☐    −   ☐    = ☐
  ☐    −   ☐    = ☐
  ☐    −   ☐    = ☐
```

Der Minuend wird um 1 010 kleiner, der Subtrahend bleibt gleich und die Differenz _____

```
  ☐    −   ☐    = ☐
  ☐    −   ☐    = ☐
 9 582  −  4 403  = ☐
 8 572  −  4 403  = ☐
  ☐    −   ☐    = ☐
```

Der Minuend wird um 1 110 kleiner, der Subtrahend bleibt gleich und die Differenz _____

```
80 070  −  5 067  = ☐
  ☐    −   ☐    = ☐
  ☐    −   ☐    = ☐
83 100  −  5 067  = ☐
  ☐    −   ☐    = ☐
```

Der Minuend wird um 1 010 größer, der Subtrahend bleibt gleich und die Differenz _____

6 Überlege bei jedem Päckchen: Ist es ein Entdeckerpäckchen – ja oder nein?

Kreuze an.

32 772 − 0 =	23 456 − 300 =	714 003 − 12 000 =
42 772 − 200 =	23 456 − 900 =	714 003 − 11 000 =
52 772 − 1 200 =	23 456 − 2 700 =	714 004 − 10 000 =
62 772 − 2 200 =	23 456 − 9 100 =	714 003 − 9 000 =

Entdeckerpäckchen: ☐ ja ☐ nein   Entdeckerpäckchen: ☐ ja ☐ nein   Entdeckerpäckchen: ☐ ja ☐ nein

 Wenn nein: Verbessere das Päckchen und setze es fort.

Entdeckerpäckchen

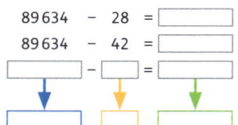

7 Welche vier Aufgaben gehören in das Entdeckerpäckchen?

> Der Minuend wird immer um 9 größer, der Subtrahend 1 kleiner und die Differenz um 10 größer.

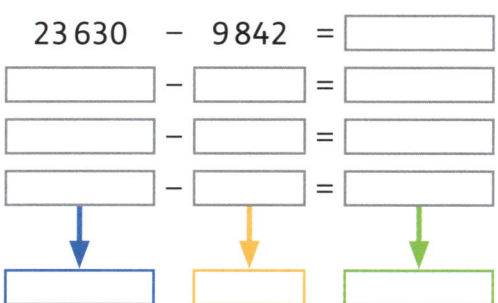

23 639 – 9 841	23 666 – 9 838
23 663 – 9 844	23 369 – 9 841
23 351 – 9 843	23 657 – 9 839
23 648 – 9 840	23 360 – 9 838

8 Erfinde ein eigenes Entdeckerpäckchen. Beschreibe das Muster.

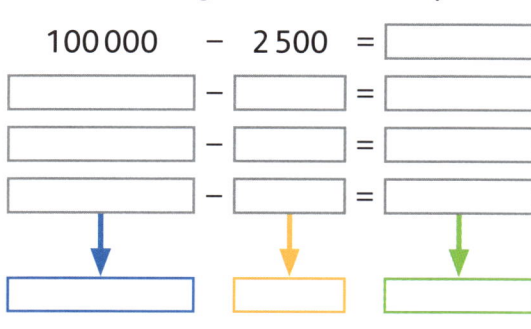

9 Setze das Entdeckerpäckchen fort.

Die Differenz bleibt gleich.

450 099 − 11 011 =

Der Subtrahend halbiert sich.

17 890 − 4 400 =
17 890 −

AHA-Zahlen

10 Diese Zahlen heißen AHA-Zahlen. Vermute, warum.

646	565	272
	141	
	383	929

die Einerstelle   *die* Zehnerstelle   *die* Hunderterstelle   *die* Ziffer

11 Wähle eine AHA-Zahl aus. Schreibe ihre AHA-Zahl dazu.
Subtrahiere die kleinere Zahl von der größeren AHA-Zahl.
Rechne mindestens 10 verschiedene Aufgaben.

```
  6 2 6        4 1 4
- 2 6 2      - 1 4 1
```

Was fällt dir bei den Ergebnissen auf?

Welche Ergebnisse hast du gefunden? Sortiere nach der Größe. Beginne mit der kleinsten Differenz.

☐☐☐ < ☐AHA☐ < ☐☐☐☐ < ☐☐☐☐ < ☐☐☐☐ < ☐☐☐☐ < ☐☐☐☐ < ☐☐☐☐

27

AHA-Zahlen

12 Rechne die Aufgaben schriftlich aus.
Finde jeweils noch zwei (drei) weitere Aufgaben mit dem gleichen Ergebnis.

	2	1	2			3	2	3
−	1	2	1		−	2	3	2

	3	1	3			4	2	4
−	1	3	1		−	2	4	2

13 Erkläre, wie man passende Aufgaben zu den Ergebniszahlen finden kann.

_____
_____
_____

14 Untersuche die Aufgaben. Setze fort.

	9	1	9			8	2	8			7	3	7
−	1	9	1		−	2	8	2		−	3	7	3

	9	2	9			8	3	8
−	2	9	2		−	3	8	3

15 Stimmt die Aussage?

626 − 262, da muss ich doch nur 4 · 91 rechnen!

Taschenrechner

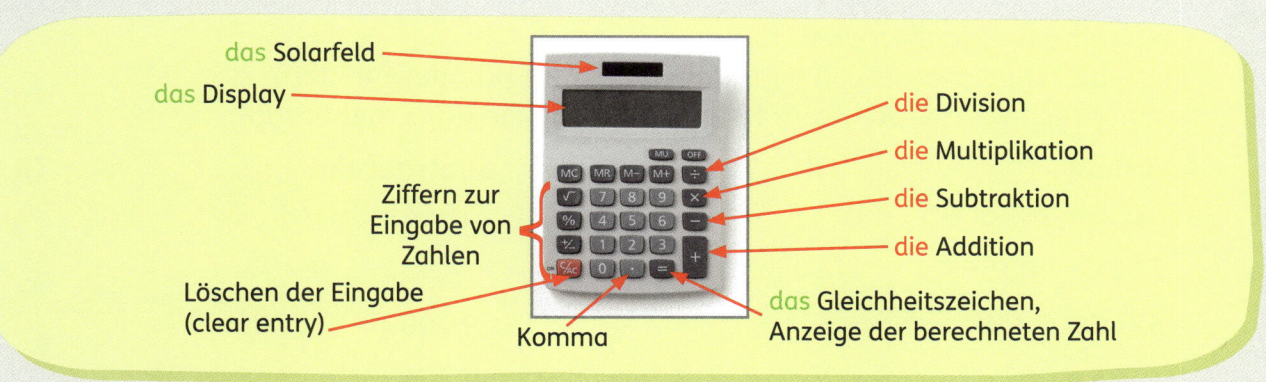

16 Probiere die Tasten an deinem Taschenrechner aus.
Schreibe Aufgaben auf, die du mit dem Taschenrechner rechnest.

17 Denke dir eine große Zahl aus. Schreibe sie auf und nenne sie deinem Partner.
Dein Partner gibt die Zahl in den Taschenrechner ein.

18 Was passiert, wenn du die Aufgabe 5 + 4 eintippst und aus Versehen
die Taste = zweimal drückst? Überprüft und besprecht eure Beobachtungen.

5 + 4 = =

_____

Drücke die Taste = dreimal. Was rechnet der Taschenrechner?

_____

19 Was passiert, …

wenn du 4 · 2 = = rechnest?

_____

wenn du 1 2 − 3 = = rechnest?

_____

Taschenrechner

20 Schau dir die Aufgaben genau an.
Überlege: Ist es geschickt die Aufgaben im Kopf (K) oder mit dem Taschenrechner (TR) zu lösen? Kreuze an. Schreibe das Ergebnis auf.

Addition	K	TR	Subtraktion	K	TR
300 000 + 300 000 =	☐	☐	715 648 − 614 823 =	☐	☐
2 561 + 83 567 =	☐	☐	932 − 30 − 2 =	☐	☐
8 340 + 1 + 3 =	☐	☐	275 000 − 175 000 =	☐	☐
95 + 405 =	☐	☐	17 849 − 449 =	☐	☐

21 Überschlage und rechne zuerst ohne Taschenrechner. Überprüfe dann mit dem Taschenrechner, ob du richtig gerechnet hast.

| 429 + 200 + 374 = | 3 699 − 278 = | 58 621 + 7 132 = |

Überschlag
Rechnung
TR

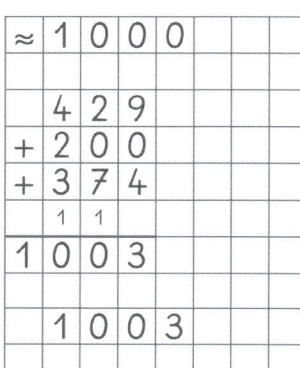
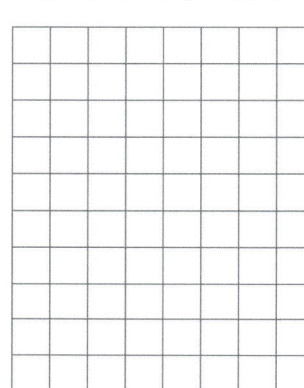
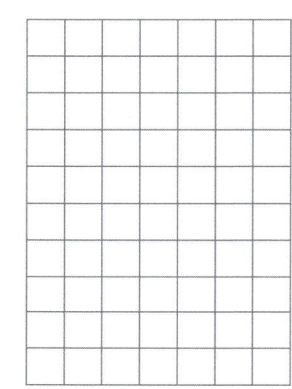

22 Rechne die Aufgaben zuerst mit dem Taschenrechner. Überprüfe dann mit einem Überschlag und deiner Rechnung, ob der Taschenrechner richtig gerechnet hat.

| 789 + 456 + 634 = | 26 · 5 = | 312 987 + 23 576 = |

TR
Überschlag
Rechnung

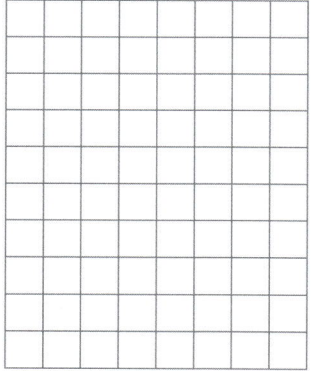
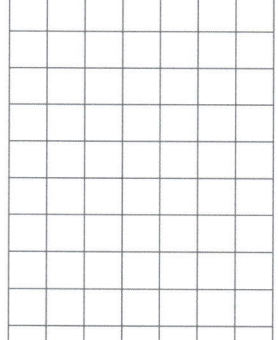
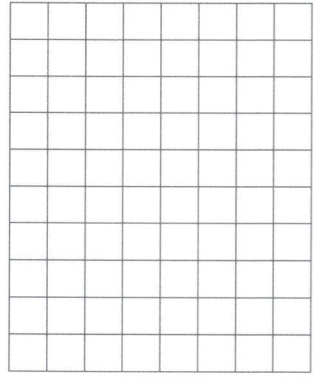

Taschenrechner

23 Die Tasten 1 und 4 deines Taschenrechners sind kaputt.
Finde einen Weg, die Zahlen 414 und 411 anzuzeigen.

24 Löse die Zahlenpuzzle. Schreibe deinen Lösungsweg auf.

In deinem Display soll die Zahl 801 stehen.
Du darfst nur die Tasten 0 1 + · und = benutzen.

In deinem Display soll die Zahl 100 stehen. Du darfst nur die Tasten
4 6 + · − und = benutzen. Finde zwei verschiedene Wege.

25 Denke dir ein Zahlenpuzzle aus.
Beachte: Du musst mindestens eine Lösung zu deiner eigenen Aufgabe kennen.

Schreibe deine Aufgabe auf ein Blatt. Tausche deine Aufgabe mit einem anderen Kind.

Zahlenrätsel

26  Wenn Emil von seiner Zahl 68 subtrahiert und die Differenz mit 2 multipliziert, erhält er das Doppelte von 16.

 Carla denkt sich eine Zahl aus. Wenn sie ihre Zahl mit 5 multipliziert und dann von dem Ergebnis 35 subtrahiert, erhält sie die Hälfte von 100.

Selbsteinschätzung

Subtraktion bis 1 000 000

⏱	Ich kann Subtraktionsaufgaben schnell lösen.						
🧱	Ich kann Zahlenmauern geschickt lösen.						
10−2=	Ich kann Muster in Entdeckerpäckchen erkennen, fortsetzen und beschreiben.						
646	Ich kenne AHA-Zahlen und kann sie geschickt finden.						
🧮	Ich kann Aufgaben mit dem Taschenrechner lösen und überprüfen.						
	Ich kann Zahlenrätsel lösen.						

Unterschrift Kind	
Unterschrift Lehrer	
Unterschrift Eltern	

Multiplikation

1 Löse die Aufgaben und setze fort.

> 💡 Punktrechnung (· / :) geht vor Strichrechnung (+ / –)

37 037 · 3 = ☐
37 037 · 6 = ☐
37 037 · 9 = ☐
☐ · ☐ = ☐
☐ · ☐ = ☐

271 · 41 = ☐
271 · 82 = ☐
271 · 123 = ☐
☐ · ☐ = ☐
☐ · ☐ = ☐

1 · 9 + 2 = ☐
12 · 9 + 3 = ☐
123 · 9 + 4 = ☐
☐ · ☐ = ☐
☐ · ☐ = ☐

9 · 9 + 7 = ☐
98 · 9 + 6 = ☐
987 · 9 + 5 = ☐
☐ · ☐ = ☐
☐ · ☐ = ☐

2 Denke dir Zahlenmuster wie in Aufgabe **1** aus.

3 Bilde aus den Ziffernkarten eine dreistellige und eine zweistellige Zahl. Finde das kleinste und das größte Produkt.

| 6 | 2 | 4 | 3 | 8 |

Das kleinste Produkt: ☐   Das größte Produkt: ☐

Erkläre, wie du deine Produkte gefunden hast.

_____
_____
_____

Multiplikation und Division

Das ist eine Multiplikationstafel:

·	41	300
5	205	1 500
7	287	2 100

4 Setze die fehlenden Zahlen ein.

·		
	3 500	63 000
	3 000	

·		1 624
5	98 980	
	59 388	

·		
52		104 000
	77 000	

5 Erfinde eigene Multiplikationstafeln.

·		

·		

·		

6 Finde die fehlenden Zahlen.

Welche Zahl muss den ☆ ersetzen, damit die Gleichung 3 · 12 · 15 = 6 · ☆ · 5 stimmt?

Welche Zahl muss den ☆ ersetzen, damit die Gleichung 8 · 9 · 60 = 10 · ☆ · 3 stimmt?

7

Dividiere das Vierfache von 75 durch das Fünffache von 10.

Multipliziere das Achtfache von 143 mit dem Dreifachen von 90.

Multiplikation und Division

8

In der Bundesliga wird jede Saison eine Fairplay-Wertung geführt.

Je höher die Punktzahl, desto **unfairer** war die Mannschaft.

🟥 **rote Karte:** 5 Punkte   🟧 **gelb-rote Karte:** 3 Punkte   🟨 **gelbe Karte:** 1 Punkt

Beispiel: für 3 rote Karten, 3 gelb-rote Karten und 8 gelbe Karten erhält die Mannschaft

$3 \cdot 5 + 3 \cdot 3 + 8 \cdot 1 = 32$ Punkte
$(15 + 9 + 8 = 32)$

Borussia Dortmund war in der Saison 2019/2020 der fairste Verein der Fußball-Bundesliga. Bis zum 34. Spieltag kassierte er nur 46 gelbe Karten, dazu kam ein Platzverweis (gelb-rot).

Verein	🟨	🟧	🟥	Punkte
1 Borussia Dortmund	46	1	0	49
2 SC Freiburg	41	1	1	49
3 RasenBallsport Leipzig	44	3	0	53

Eine Mannschaft hat 2 rote Karten, 3 gelb-rote Karten und 62 gelbe Karten bekommen. Wie hoch ist ihre Punktzahl?

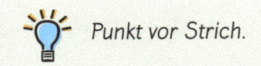
Punkt vor Strich.

Eine Mannschaft hat 3 rote Karten, 1 gelb-rote Karte und etliche gelbe Karten bekommen. Wie viele gelbe Karten hat die Mannschaft mindestens bekommen, wenn sie mehr als 90 Punkte hat?

Eine Mannschaft hat in einer Saison 51 Punkte bekommen.
Gib zwei Möglichkeiten an, welche Karten sie bekommen hat.

1. Möglichkeit: ☐ rote Karten   ☐ gelb-rote Karten   ☐ gelbe Karten

2. Möglichkeit: ☐ rote Karten   ☐ gelb-rote Karten   ☐ gelbe Karten

Multiplikation und Division

Die Tabelle zeigt den Stand in der Gruppe F der Champions League nach dem 3. Spieltag. Jede Mannschaft hat zu diesem Zeitpunkt einmal gegen jede andere Mannschaft gespielt.

Platz	Mannschaft	Spiele	Tore	Tordifferenz	Punkte
1	FC Barcelona	3	4:2	+2	7
2	Inter Mailand	3	4:3	+1	4
3	Borussia Dortmund	3	2:2	0	4
4	Slavia Prag	3	2:5	−3	1

9 Rechne.

Mannschaft	gewonnene Spiele	unentschieden	verlorene Spiele
FC Barcelona			
Inter Mailand			
Borussia Dortmund			
Slavia Prag			

Für ein gewonnenes Spiel gibt es 3 Punkte.

Bei einem Unentschieden gibt es 1 Punkt.

Bei einem verlorenen Spiel gibt es 0 Punkte.

10 Inter Mailand hat gegen Borussia Dortmund 2:0 gewonnen.
Wie sind die anderen Spiele vom BVB ausgegangen? Nutze die Tabelle.

Spiel	Ergebnis
Borussia Dortmund – FC Barcelona	
Slavia Prag – Borussia Dortmund	

💡 Dortmund hat in den 3 Spielen insgesamt 2 Gegentore bekommen.

11 Wie sind die anderen Spiele ausgegangen? Nutze die Tabelle.

Spiel	Ergebnis
FC Barcelona – Inter Mailand	
Slavia Prag – FC Barcelona	
Inter Mailand – Slavia Prag	

Division mit Rest

43 : 4 = 10 Rest 3

12 Bilde aus den Ziffernkarten 4 , 8 , 5 , 2 , 6 eine vierstellige und eine einstellige Zahl. Dividiere die große Zahl durch die kleine, so dass ein möglichst kleiner oder gar kein Rest entsteht. Rechne mindestens 3 Aufgaben.

13 Bilde aus den Ziffernkarten von 1 bis 9 eine achtstellige und eine einstellige Zahl. Dividiere die große Zahl durch die kleine Zahl. Welche Reste entstehen?
Rechne mindestens 3 Aufgaben.
Was fällt dir auf?

14 Finde vier Zahlen größer als 1 000, die bei der Division durch 3 den Rest 2 haben.

15 Teilt Mathilda ihr Alter durch 5, entsteht der Rest 3.
Mathildas Freund Jakob ist doppelt so alt wie Mathilda.
Welcher Rest entsteht, wenn er sein Alter durch 5 teilt?

Brüche

16 Drei Kinder wollen die Tafel Schokolade gerecht unter sich aufteilen.
Wie könnten sie teilen?

Finde weitere Möglichkeiten. Zeichne oder schreibe.

Jedes Kind hat den gleichen Anteil von der Schokolade bekommen, also jeder $\frac{1}{3}$.
Ein Bruch ist ein Teil von einem Ganzen.

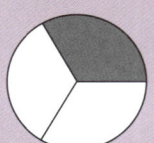  $\frac{1}{3}$ ← das ist der Teil, den man auswählt / anmalt
← in so viele Teile ist das Ganze eingeteilt

Weitere Beispiele für Brüche:

Ein Herz einer Waffel $\frac{1}{5}$ ein halbes Ei $\frac{1}{2}$ ein Viertel eines Apfels $\frac{1}{4}$

  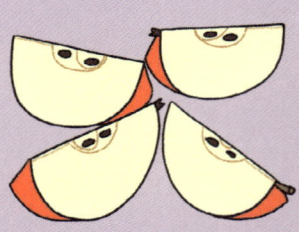

---

17 Teile die Torte in gleich große Stücke.
Achte darauf, dass die Kirschen gleichmäßig verteilt sind.

| in 2 Stück | in 3 Stück | in 4 Stück | in 6 Stück | in 12 Stück |

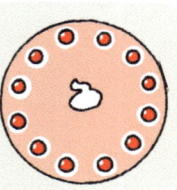 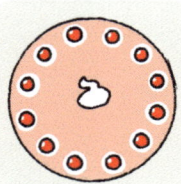  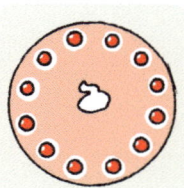 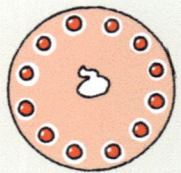

Brüche

18 Male die angegebenen Bruchteile an.

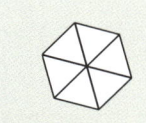  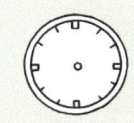 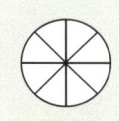 

$\frac{1}{6}$ $\frac{1}{4}$ l $\frac{3}{4}$ h $\frac{3}{8}$ $\frac{1}{12}$

19 Wie viele Teile sind angemalt?

 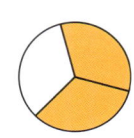 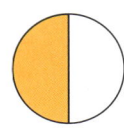  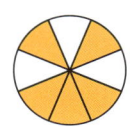 

$\frac{2}{6}$

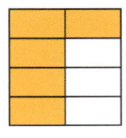 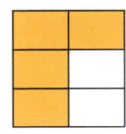 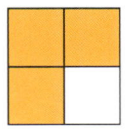 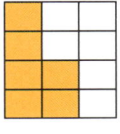 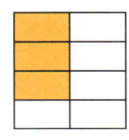 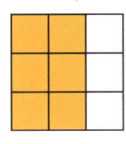 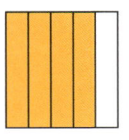

20 Schreibe die Brüche.

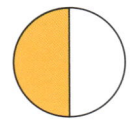  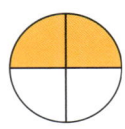 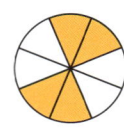  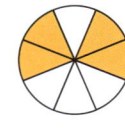 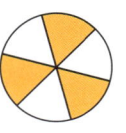

Was fällt dir auf?

21 Teile die Quadrate immer anders in 4 Teile. Markiere immer ein Viertel.

Sachaufgaben

22 Kann das stimmen?
Du gehst in einem Jahr mehr als 200 Tage in die Schule?

■ Feiertage
■ Wochenende

Januar	Februar	März	April	Mai	Juni	Juli	August	September	Oktober	November	Dezember
01 Do Neujahr KW 1	01 So	01 So	01 Mi	01 Fr Tag der Arbeit	01 Mo KW 23	01 Mi	01 Sa	01 Di	01 Do	01 So Allerheiligen	01 Di
02 Fr	02 Mo KW 6	02 Mo KW 10	02 Do	02 Sa	02 Di	02 Do	02 So	02 Mi	02 Fr	02 Mo KW 45	02 Mi
03 Sa	03 Di	03 Di	03 Fr	03 So	03 Mi	03 Fr	03 Mo KW 32	03 Do	03 Sa Tag der deutschen Einheit	03 Di	03 Do
04 So	04 Mi	04 Mi	04 Sa	04 Mo KW 19	04 Do Fronleichnam	04 Sa	04 Di	04 Fr	04 So	04 Mi	04 Fr
05 Mo KW 2	05 Do	05 Do	05 So	05 Di	05 Fr	05 So	05 Mi	05 Sa	05 Mo KW 41	05 Do	05 Sa
06 Di	06 Fr	06 Fr	06 Mo KW 15	06 Mi	06 Sa	06 Mo KW 28	06 Do	06 So	06 Di	06 Fr	06 So
07 Mi	07 Sa	07 Sa	07 Di	07 Do	07 So	07 Di	07 Fr	07 Mo KW 37	07 Mi	07 Sa	07 Mo KW 50
08 Do	08 So	08 So	08 Mi	08 Fr	08 Mo KW 24	08 Mi	08 Sa	08 Di	08 Do	08 So	08 Di
09 Fr	09 Mo KW 7	09 Mo KW 11	09 Do	09 Sa	09 Di	09 Do	09 So	09 Mi	09 Fr	09 Mo KW 46	09 Mi
10 Sa	10 Di	10 Di	10 Fr	10 So	10 Mi	10 Fr	10 Mo KW 33	10 Do	10 Sa	10 Di	10 Do
11 So	11 Mi	11 Mi	11 Sa	11 Mo KW 20	11 Do	11 Sa	11 Di	11 Fr	11 So	11 Mi	11 Fr
12 Mo KW 3	12 Do	12 Do	12 So	12 Di	12 Fr	12 So	12 Mi	12 Sa	12 Mo KW 42	12 Do	12 Sa
13 Di	13 Fr	13 Fr	13 Mo KW 16	13 Mi	13 Sa	13 Mo KW 29	13 Do	13 So	13 Di	13 Fr	13 So
14 Mi	14 Sa	14 Sa	14 Di	14 Do Christi Himmelfahrt	14 So	14 Di	14 Fr	14 Mo KW 38	14 Mi	14 Sa	14 Mo KW 51
15 Do	15 So	15 So	15 Mi	15 Fr	15 Mo KW 25	15 Mi	15 Sa	15 Di	15 Do	15 So	15 Di
16 Fr	16 Mo KW 8	16 Mo KW 12	16 Do	16 Sa	16 Di	16 Do	16 So	16 Mi	16 Fr	16 Mo KW 47	16 Mi
17 Sa	17 Di	17 Di	17 Fr	17 So	17 Mi	17 Fr	17 Mo KW 34	17 Do	17 Sa	17 Di	17 Do
18 So	18 Mi	18 Mi	18 Sa	18 Mo KW 21	18 Do	18 Sa	18 Di	18 Fr	18 So	18 Mi	18 Fr
19 Mo KW 4	19 Do	19 Do	19 So	19 Di	19 Fr	19 So	19 Mi	19 Sa	19 Mo KW 43	19 Do	19 Sa
20 Di	20 Fr	20 Fr	20 Mo KW 17	20 Mi	20 Sa	20 Mo KW 30	20 Do	20 So	20 Di	20 Fr	20 Sa KW 52
21 Mi	21 Sa	21 Sa	21 Di	21 Do	21 So	21 Di	21 Fr	21 Mo KW 39	21 Mi	21 Sa	21 Mo
22 Do	22 So	22 So	22 Mi	22 Fr	22 Mo KW 26	22 Mi	22 Sa	22 Di	22 Do	22 So	22 Di
23 Fr	23 Mo KW 9	23 Mo KW 13	23 Do	23 Sa	23 Di	23 Do	23 So	23 Mi	23 Fr	23 Mo KW 48	23 Mi
24 Sa	24 Di	24 Di	24 Fr	24 So	24 Mi	24 Fr	24 Mo KW 35	24 Do	24 Sa	24 Di	24 Do
25 So	25 Mi	25 Mi	25 Sa	25 Mo KW 22	25 Do	25 Sa	25 Di	25 Fr	25 So	25 Mi	25 Fr
26 Mo KW 5	26 Do	26 Do	26 So	26 Di	26 Fr	26 So	26 Mi	26 Sa	26 Mo KW 44	26 Do	26 Sa 2. Weihnachtstag
27 Di	27 Fr	27 Fr	27 Mo KW 18	27 Mi	27 Sa	27 Mo KW 31	27 Do	27 So	27 Di	27 Fr	27 So
28 Mi	28 Sa	28 Sa	28 Di	28 Do	28 So	28 Di	28 Fr	28 Mi KW 40	28 Mi	28 Sa	28 Mo KW 53
29 Do		29 So	29 Mi	29 Fr	29 Mo KW 27	29 Mi	29 Sa	29 Di	29 Do	29 So	29 Di
30 Fr		30 Mo KW 14	30 Do	30 Sa	30 Di	30 Do	30 So	30 Mi	30 Fr	30 Mo KW 49	30 Mi
31 Sa		31 Di		31 So		31 Fr	31 Mo KW 36		31 Sa		31 Do

Selbsteinschätzung

Multiplikation und Division

1456 · 3 = 1456 · 6 =	Ich kann Zahlenmuster entdecken, fortführen und eigene erfinden.						
· 41 300 5 1500 7 2100	Ich kann fehlende Zahlen z. B. in Multiplikationstafeln einsetzen.						
	Ich kann Zahlenrätsel lösen.						
12 : 5 = 2 Rest 2	Ich kann Divisionsaufgaben mit Rest lösen.						
	Ich kann Brüche als Teile vom Ganzen erkennen und benennen.						
	Ich kann Sachaufgaben lösen.						

Unterschrift Kind	
Unterschrift Lehrer	
Unterschrift Eltern	

Tabellen

Tage	Stunden
1	24
7	

Wenn man Daten, Werte oder Zahlen übersichtlich darstellen möchte, kann man eine Tabelle benutzen.

die Spalte
die Zeile

🍎	Preis in €
1	1,70 €
2	3,40 €
3	5,10 €

1 Johannes möchte am Süßigkeiten-Stand auf der Kirmes für sich und seine zwei Freunde Schokospieße kaufen. Wie viel muss er bezahlen?
Erkläre deinen Lösungsweg.

🍫	Preis in €
1	1,20 €
2	
3	

Um eine Tabelle zum Lösen einer Sachaufgabe nutzen zu können, hast du folgende Möglichkeiten:

1. Möglichkeit: addieren

Stückzahl	Preis in €
1	1,40 €
2	2,80 €
3	4,20 €

+ 1,40 €
+ 1,40 €

· 3
· 3

2. Möglichkeit: multiplizieren

Stückzahl	Preis in €
1	1,40 €
3	4,20 €
9	12,60 €

· 3
· 3

2 Berechne die fehlenden Werte.
Schreibe deine Rechnungen neben den Tabellen auf.

Stückzahl	Preis in €
5	12
10	
15	
20	

Tage	Stunden
1	24
7	
14	
21	

Tabellen

Tage	Stunden
1	24
7	

3 Fülle die Tabelle aus. Ergänze den Text.

km pro Tag	Tage	km insgesamt
4	1	13
4	3	12
	6	

Wenn ich jeden Tag mit dem Fahrrad ☐ km zurücklege, bin ich in ☐ Tagen eine Strecke von ☐ km gefahren.

4 Fülle die Tabelle aus. Ergänze den Text.

Seiten pro Tag	Tage	Seiten
	1	
	7	

Wenn ich jeden Tag ☐ Seiten in meinem Lieblingsbuch lese, habe ich in ☐ Tagen ☐ Seiten gelesen.

5 Denke dir eine eigene Aufgabe aus, die mithilfe einer Tabelle gelöst werden kann.

Tabellen

Tage	Stunden
1	24
7	

6 Smilla und Fabio bekommen jeden Monat zusammen 24 € Taschengeld.
Fabio bekommt doppelt so viel Geld wie seine Schwester Smilla.

Wie viel Taschengeld bekommt jedes Kind?

Erkläre deinen Lösungsweg.

Das Bundesministerium empfiehlt:

Alter/Jahre	Betrag in €
unter 6 Jahre	0,50–1,00 €/Woche
7 Jahre	1,50–2,00 €/Woche
8 Jahre	2,00–2,50 €/Woche
9 Jahre	2,50–3,00 €/Woche
10 Jahre	15,50–18,00 €/Monat
11 Jahre	18,00–20,50 €/Monat
12 Jahre	20,50–23,00 €/Monat
13 Jahre	23,00–25,50 €/Monat

7 Ergänze die Tabelle.

Taschengeld insgesamt	Taschengeld Smilla	Taschengeld Fabio	Unterschied	stimmt/ stimmt nicht
24 €	4 €	20 €	5 mal mehr als Smilla	stimmt nicht
24 €	6 €			
24 €				

8 Ihre Mutter kauft ihnen zwei Bücher für insgesamt 22,98 €.
Fabios Buch kostet 3 € mehr als Smillas Buch. Löse die Aufgabe mithilfe einer Tabelle.

9 Smilla und Fabio sind zusammen 2,81 m groß. Smilla ist 25 cm kleiner als Fabio.
Löse mithilfe einer Tabelle.

10 Ihre Eltern sind zusammen 3,44 m groß. Ihr Vater ist 24 cm größer als seine Frau.
Löse mithilfe einer Tabelle.

11 Denke dir eine eigene Sachaufgabe aus, die mithilfe einer Tabelle gelöst werden kann.

Daten und Diagramme

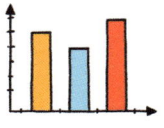

1

Stadt	Einwohnerzahl im Jahr 2000	Einwohnerzahl im Jahr 2019	Fläche in km²
Berlin	3 382 169	3 669 491	891,12
Hamburg	1 715 392	1 847 253	755,09
München	1 210 223	1 484 226	310,70
Köln	962 884	1 087 863	405,01
Frankfurt am Main	648 550	763 380	248,31
Stuttgart	583 874	635 911	207,33
Düsseldorf	569 364	621 877	217,41
Dortmund	588 994	588 250	280,71
Essen	595 243	582 760	210,34
Bremen	539 403	567 559	317,84

Hat Berlin auch die größte Fläche?
Hat die Stadt mit den wenigsten Einwohnern auch die kleinste Fläche?
Wie viele Menschen sind zwischen dem Jahr 2000 und 2019 nach Köln gezogen?
Wie viele Menschen leben in Dortmund?
Denke dir selbst eine Aufgabe aus.

2 Zeichne ein Balkendiagramm zu der Spalte **Einwohnerzahl in 2019**. Runde auf 500 000.

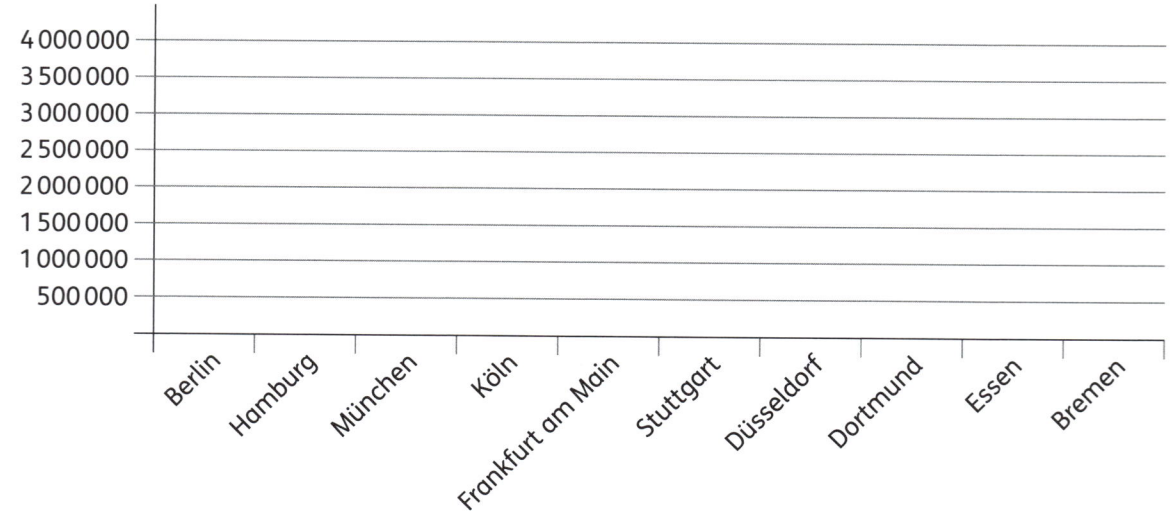

44

Daten und Diagramme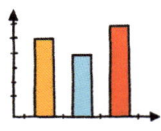

3 So viele Menschen leben in den einzelnen Stadtteilen in Dortmund.

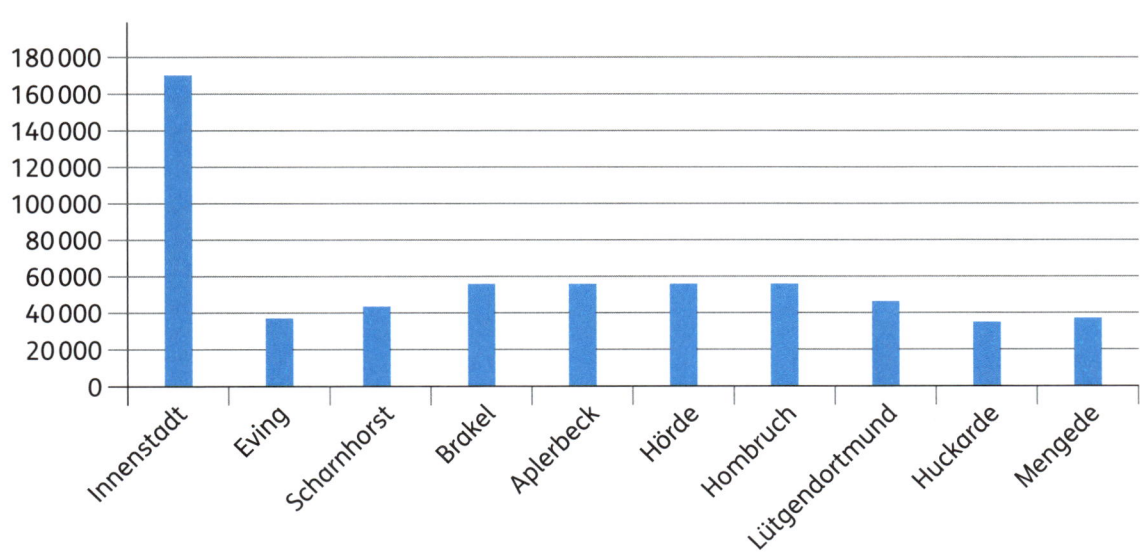

In welchem Stadtteil leben die wenigsten/meisten Menschen?
_____
_____

Wie viele Menschen leben in Mengede und Scharnhorst ungefähr zusammen?
_____
_____

In welchen Stadtteilen leben die zweitmeisten Menschen?
_____
_____

Denke dir selbst eine Aufgabe für ein anderes Kind aus.
_____
_____
_____

4 Recherchiere im Internet die Einwohnerzahlen für die einzelnen Stadtteile einer Stadt deiner Wahl. Zeichne ein Balkendiagramm.

Schrägbilder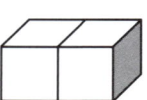

So entsteht das Schrägbild eines Würfels:

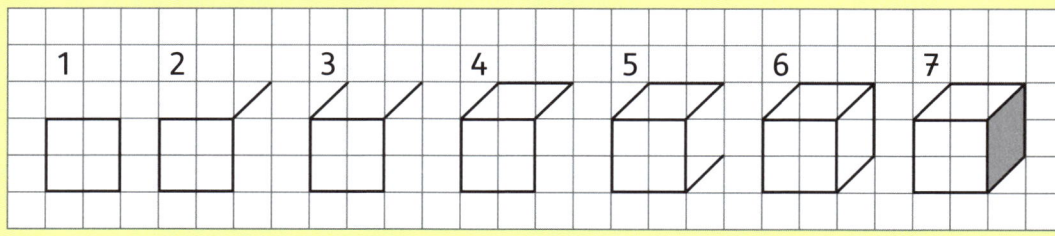

1 Zeichne selbst einen Würfel.

Was fällt auf?

2 Zeichne das Schrägbild zu dem Würfelgebäude.
Du kannst die Schrägbilder auch mit Würfeln nachbauen.

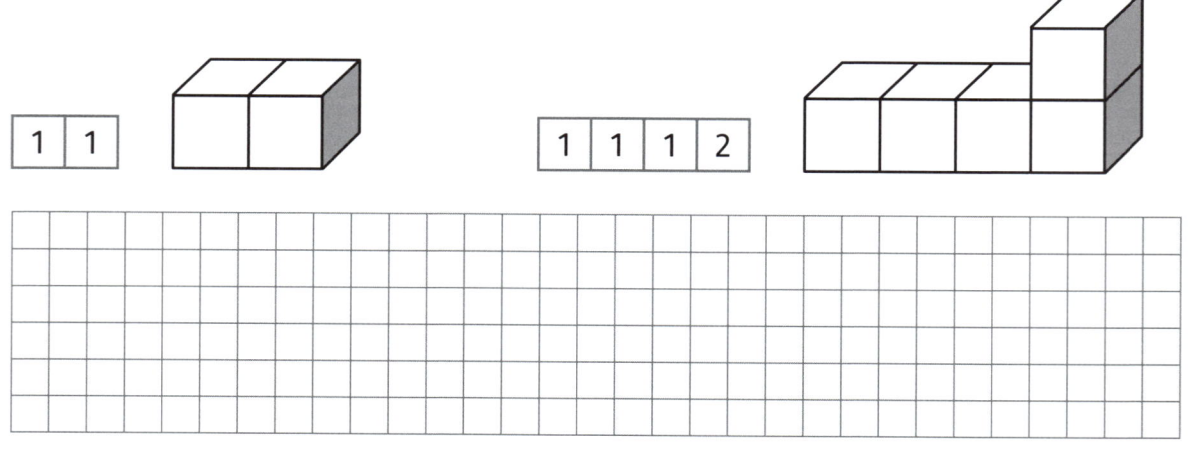

Schrägbilder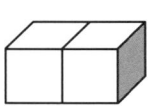

3 Zeichne die Schrägbilder zu den Würfelgebäuden.
Du kannst das Würfelgebäude mit Würfeln nachbauen.
Schaue dir dann das Gebäude von der Seite an.

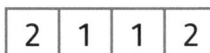   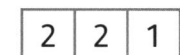

4 Zeichne die Schrägbilder zu den Würfelgebäuden.

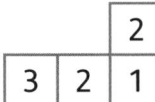

5 Denke dir ein eigenes Schrägbild aus. Zeichne auch den Bauplan dazu.

47

Sachaufgaben

1

Kaufpreis für eine Katze aus dem **Tierheim**	Kaufpreis für eine Katze vom **Züchter**
110 € (Männchen)	ca. 700 € Siam
125 € (Weibchen, Kitten)	ca. 850 € Britisch Kurzhaar

Ausstattung	
Napf	ca. 10 €
Bürste/Kamm	ca. 5 €
Transportbox	ca. 25 €
Spielzeug	ca. 15 €
Kratzbaum	ca. 150 €
Toilette	ca. 20 €

Was kostet die Anschaffung einer Katze zusammen mit einer kompletten Ausstattung?
Suche dir aus, ob die Katze aus dem Tierheim oder vom Züchter kommt.
Berechne die Gesamtkosten.

Wie viel Geld musst du ausgeben, wenn du statt einer Katze zwei Katzen bzw. ein Geschwisterpaar kaufst? Die meiste Ausstattung teilen sich die Katzen.

2

Alter	Gewicht	Menge
bis 4 Monate	0,5 – 1,0 kg	fünf Mahlzeiten à 60 g bis 75 g
5 – 6 Monate	1,5 – 3 kg	vier Mahlzeiten à 75 g bis 100 g
ab 7 Monaten		drei Mahlzeiten à 150 g
mit 9 Monaten		zwei Mahlzeiten à 150 g – 200 g
ab 12 Monaten	3,5 – 5 kg	ca. 260 g – 300 g am Tag

Wie viel Futter braucht eine 4 Monate alte Katze?

a) in einer Woche?   b) in einem Monat?

3

günstiges Futter	teures Futter
0,25 € (100 g)	1,29 € (100 g)
0,89 € (400 g-Dose)	7,76 € (1 kg)

Was kostet das Futter pro Monat für eine 4 Monate alte Katze?

a) Wenn du das teure Futter kaufst?
b) Wenn du das günstige Futter kaufst?